CW01203358

1 MONTH OF
FREE
READING

at

www.ForgottenBooks.com

By purchasing this book you are eligible for one month membership to ForgottenBooks.com, giving you unlimited access to our entire collection of over 1,000,000 titles via our web site and mobile apps.

To claim your free month visit:

www.forgottenbooks.com/free750895

ISBN 978-0-266-70874-2
PIBN 10750895

This book is a reproduction of an important historical work. Forgotten Books uses state-of-the-art technology to digitally reconstruct the work, preserving the original format whilst repairing imperfections present in the aged copy. In rare cases, an imperfection in the original, such as a blemish or missing page, may be replicated in our edition. We do, however, repair the vast majority of imperfections successfully; any imperfections that remain are intentionally left to preserve the state of such historical works.

Der grosse Mensch der Renaissance.

Inaugural-Dissertation

zur

Erlangung der Doktorwürde

der hohen philosophischen Fakultät

der Universität zu Jena

vorgelegt am 20. Dezember 1905

von

Oskar Schütz
Oberlehrer.

Bonn,

Carl Georgi, Universitäts-Buchdruckerei und Verlag

1906.

Genehmigt von der philosophischen Fakuität der Universität Jena auf Antrag des Herrn Prof. D. Dr. Eucken.

Jena, den 20. Dezember 1905.

Geh. Hofrat Prof. D. Dr. Gelzer
d. z. Dekan.

Literatur.

Eucken: Die Lebensanschauungen der grossen Denker. 6. Aufl. 1905.
— Unters. zur Gesch. der älter. deutschen Philos. (Philos. Monatsh. XIV. 1878).
Dilthey: Auffassung und Analyse des Menschen im 15. u. 16. Jahrh. (Archiv f. Gesch. d. Philos. Bd. IV. V).
J. Burckhardt: Kultur der Renaissance in Italien. 4. Aufl. 1886.
L. Geiger: Renaissance und Humanismus in Italien und Deutschland. 1882.
Wölfflin: Die klassische Kunst. Einführung in die italienische Renaissance. 1899.
Springer: Die Renaissance in Italien. 1901.
Muther: Die Renaissance der Antike.
G. Voigt: Wiederbelebung des klassischen Altertums. 1893.
— Enea Silvio de Piccolomini. 1859/62.
Rixner und Siber: Leben und Lehrmeinungen berühmter Physiker am Ende des 16. und Anf. des 17. Jahrh. 1819—23.
Victor Schultze: Geschichte des Untergangs des griechisch-römischen Heidentums. Jena 1887.
K. Joh. Neumann: Der römische Staat und die allgemeine Kirche bis auf Diocletian. Leipzig 1890.
Weber: Allgemeine Weltgeschichte.
Grässe: Lehrbuch einer allgem. Literaturgeschichte.
Friedländer: Sittengeschichte Roms.
Harnack: Grundriss der Dogmengeschichte.
Strauss: Der alte und der neue Glaube.
Ziegler: Geschichte der christlichen Ethik.
Luthardt: Geschichte der christlichen Ethik.
Falckenberg: Geschichte der neueren Philos. 5. Aufl. 1905.
A. Riehl: Philosophie der Gegenwart. 1904.
Wundt: Grundzüge der physiologischen Psychologie. 4. Aufl. 1893.

Dante: vita nuova. Pisa 1872.
    il convito. Modena 1831.
    de monarchia. Vindob. 1874.
    la commedia. Milano 1888.
— K. L. Kannegiesser, Dante Alighieris prosaische Schriften. 1845.
— Die göttliche Komödie, übers. v. Eitner.
Petrarca: opera omnia. Basel 1554.
Salutato: epistolae. Florent. 1741—42.
Nicolaus Cusanus: Scharpff, des Nic. v. Cusa wichtigste Schriften
    in deutscher Übersetzung. 1862.
Leone Battista Alberti: H. Janitschek, kl. kunsttheoret. Schriften
    Albertis. 1877.
— [nicht zugänglich: Bonucci, opere vulgari di Leone Battista
    Alberti. Florenz 1843—49.]
Leonardo da Vinci: J. P. Richter, the literary works of L. da
    Vinci. London 1883.
Machiavelli: Historiae Florent. Argent. 1610.
— Discorsi. Venetia 1532.
— Il Principe. Firenze 1899.
— Unterhaltungen über die erste Dekade der röm. Gesch. des
    T. Livius. Danzig 1776.
— Buch vom Fürsten, übers. v. Oberbreyer.
Michelangelo: Sämtliche Gedichte in Guastis Text mit deutsch.
    Übersetz. von Sophie Hasenclever. Leipzig 1875.
Cardanus: Opera omnia. Lugd. 1663.
Telesius: Tractationum philosophicarum tomus unus. 1588.
Patritius: nova de universis philosophia. Venet. 1593.
Campanella: opere. Torino 1854.
— Sigwart, Kl. Schr. I.
Aeneas Silvius: opera. 1551.
Giordano Bruno: Le opere italiane di G. Bruno ristampate da
    P. de Lagarde. 1888.
— Jordani Bruni Nolani opera ed. Fiorentino, Pocco, Vitelli.
    Neapel 1879—91.
— G. Brunos Ervici furori, übers. v. Kuhlenbeck.
— G. Brunos Reformation des Himmels von Kuhlenbeck. 1889.
Filippo Mocenigo: Philippi Mocenici archiepiscopi Nicos. regni
    Cypri Universalium institutionum ad hominum perfectionem,
    quatenus industria parari potest, contemplationes. Venet. 1581.

Inhalt.

Einleitung.

Tief in der Seele des Menschen wurzelt ein Gefühl der Bewunderung und Verehrung für das Grosse und Gewaltige in der Natur. Die naive Phantasie, welche die Natur mit menschenähnlichen Wesen belebt, sieht in den wilden Steinmassen, den brausenden Meereswogen, dem heulenden Sturm und dem grollenden Donner den Ausdruck jener menschlich-göttlichen Wesen, denen er seine ersten Gebete darbringt. Und indem der Mensch zu der Erkenntnis kommt, dass es Mächte in der Natur gibt, denen er hilflos gegenübersteht, die ihm nützen oder schaden, ihn erfreuen oder zerschmettern können, da wird er von Furcht und Bewunderung ergriffen; in Ehrfurcht neigt er sein Haupt und betet das Grosse, das Erhabene an.

Das, was ihn in der Natur mit Ehrfurcht erfüllt, findet der Mensch unter seinen Gefährten wieder. Ein Held von gewaltiger Kraft, mutig und siegreich im Kampfe, gewinnt Achtung und Herrschaft in seinem Volke. Als Gott erscheint er den Nachkommen, als Gott wird er von ihnen gefeiert und verehrt, in dem Gedächtnis des Volkes lebt er fort, und der Ruhm seiner Taten pflanzt sich weiter von Mund zu Mund, von Geschlecht zu Geschlecht.

Natur und Mensch erscheinen dem primitiven Menschen wesensverwandt. Die Natur fühlt und handelt wie der Mensch, ein Spiegel gleichsam des menschlichen Lebens. Das Rauschen und Tosen des Sturmes ist Schlachtgetümmel der Walküren. Der Frühling erscheint als schöner Jüngling, der siegreich die Mächte der Finsternis überwindet, bis er dem tückischen Mörder erliegt, wie der Frühling dem Winter zum Opfer fällt. Der reissende Bergstrom ist ein ungestümer Held, der mit wilder Kraft alles niederwirft und nach rasch durchstürmtem Leben in das Element zurückkehrt, das ihn gebar.

Überblicken wir die Gestalten grosser Menschen, wie sie uns die .griechische und die deutsche Sage schildert, so zeigen sie alle trotz ihres verschiedenen Charakters doch einen gemeinschaftlichen Typus. Wie das Volk in jener kampfesfrohen Zeit in Krieg und Schlachtgetümmel seine höchste Betätigung fand, so waren seine grössten Söhne, denen es seine Verehrung widmete, ebenfalls die Helden des Kampfes, schön und herrlich von Gestalt, von gewaltiger Körperkraft und unüberwindlichem Mute.

Kultur und geistige Kraft. Aber die menschliche Kultur schritt weiter. Aus dem Kriegervolke wurden sesshafte und friedliche Ackerbauer. Städte entwickelten sich, Verkehr und Handel verknüpfte die Länder, mastenreiche Schiffe belebten die Meere. Die Schätze des Orients wurden nach dem Westen getragen, mannigfacher wurden die Kreise menschlicher Arbeit. Mit der Lebenshaltung verändert sich aber auch der Gedankenkreis und verdrängt die Weltanschauung der Heroenzeit. Jetzt gilt nicht mehr der körperlichen Kraft allein die Achtung der Menschen: neben ihr tritt die geistige Tätigkeit in die Schranken und ringt mit ihr um den Vorrang. Vielfach finden wir es bei griechischen und römischen Schriftstellern ausgesprochen, dass die geistige Kraft höher zu schätzen sei als die körperliche. Denn bald erkennt man, dass der Körper zu hinfällig und zu schnell vergänglich ist, um dem Adlerflug des Geistes zu folgen. Der Geist macht den Menschen zum Ebenbild der Götter; er altert nicht, und seine Werke sind unsterblich[1]).

Ihren philosophischen Ausdruck findet diese Erkenntnis in der auf den menschlichen Intellekt gerichteten

---

[1]) Xenophanes § 9 ed. Mullach; Isocrates, Anfang des Panegyricus; Cicero de off. II 46; Sallust Cat. I 3.

Lehre der Sophisten, welche in dem Menschen das Mass aller Dinge sieht und der geistigen Ausbildung des Menschen gewidmet ist. Ihren Höhepunkt erreicht dieser Rationalismus in der Begründung der Ethik auf das Wissen bei Sokrates und in der Ideenlehre Platons. Wie jener darauf hinweist, dass der Seele der Vorrang gebührt, dass die Sorge für die Seele des Menschen eifrigstes Bestreben sein müsse, so wird Plato nicht müde, die Welt des Begrifflichen als das Sein, die Sinnenwelt als Schein hinzustellen, in der Seele das Wesentliche, die höchste und edelste Kraft des Menschen zu erkennen, der gegenüber der Körper etwas Fremdes, Wertloses ist.

. Dieser Anschauung entsprechend findet Xenophon[1]) die menschliche Grösse in den Schöpfungen geistiger Kraft.

Auch Aristoteles[2]) fasst die Seele als das herrschende, den Körper als das beherrschte Element. Und indem er von dem vergänglichen, individuellen Teil der Seele, dem νοῦς παθητικός, die göttliche, reine Intelligenz, den νοῦς ποιητικός, trennt, deren Wesen vernünftige Tätigkeit ist, stellt er dem ästhetischen Prinzip Platons das dynamische entgegen, das in dem Satze gipfelt: Glückseligkeit ist tugendhafte Tätigkeit der Seele. In der Tat ist die Philosophie des Aristoteles durchzogen von dem Streben nach Lebensentfaltung, Entwicklung der Anlagen und Kräfte des menschlichen Geistes. Diese Tätigkeit, diese Schaffensfreude in massvoll harmonischer Begrenzung allein kann die Ruhe geistiger Glückseligkeit gewähren. In der Ausübung der Tugenden und Vermeidung des Masslosen wird der Mensch erhaben über die kleinliche Gesinnung des Dutzendmenschen. Die wahre Erhabenheit liegt in der Seelengrösse, der μεγαλοψυχία. Grossgesinnt, sagt Aristoteles, ist ein Mensch, der im Wollen wie im Können gleich gross ist. Denn auf der Grösse

---

1) Xenophon, Oecon. c. 21.
2) Aristot. Polit. I 5. 1254 a 34.

beruht die Hoheit der Seele, wie die Schönheit auf der
Grösse des Körpers. Für das höchste aber halten wir
das, was wir den Göttern zuerkennen, und wonach die
bedeutenden, angesehenen Männer am meisten streben,
den Preis, der den höchsten Leistungen, den herrlichsten
Taten zuteil wird. Das aber ist die Ehre, der Ruhm;
denn dies ist das höchste der äusseren Güter. Der Gross-
gesinnte muss aber auch der beste sein, wenn er das
Grösste erreichen will. So wird also dem Grossgesinnten
das, was in jeder Tugend Grosses ist, eigen sein. Demnach erscheint die Seelengrösse gleichsam als die Krone,
als der schönste Schmuck der Tugenden; denn sie erhöht
die Tugenden und ist nicht möglich ohne diese. Des-
wegen ist wahre Seelengrösse nicht leicht zu finden; sie
wohnt nur in einem vollkommenen Menschen. Die Be-
wegungen eines solchen Mannes sind langsam, seine
Stimme gewaltig, seine Rede stetig und fest[1]).

Das Wesen der grossen Menschen liegt also in der
Vereinigung dessen, was jede Tugend Grosses in sich
birgt. Durch diese Vollkommenheit ist er befähigt,
Grosses zu leisten, wie er selbst sich dessen bewusst
ist. Fern liegt es ihm, seinen eignen Nutzen zu suchen[2]),
das Ehrenvolle, den Ruhm erstrebt er. Gegen Schmerz
und Leid ist er nicht unempfindlich, aber er erträgt es
ruhig und mit edler Standhaftigkeit[3]). Eine edle Ruhe
prägt sich in seinem ganzen Wesen aus; nur gegen Be-
leidiger braust er auf[4]). Indem der grosse Mensch so,
von dem Selbstbewusstsein der eignen Kraft geleitet, in
sich selbst die Normen seines Handelns findet und in die
eigne Individualität den Schwerpunkt des Lebens ver-
legt, steigt vor uns das Bild einer erhabenen Persönlichkeit auf. Allerdings ist das Streben dieses Grossgesinnten von dem unbefriedigten Drange eines Faust
weit entfernt. Seine Grösse liegt nicht in dem Suchen des

---

1) Aristot. Eth. Nic. 1123 b 2 ff.; vgl. Rhet. I c. 9. 2. Eth. 4. 3.
2) Aristot. Polit, VII p. 1338 b.
3) Aristot. Eth. I 10.
4) Aristot. Polit. VII.

Unerreichbaren; Wollen und Können müssen im Einklang stehen[1]). So ruht der grosse Mensch in sich selbst, in massvoller Harmonie strebend, schaffend und vollendend. Allein der Begriff des μεγαλόψυχος ändert sich mit den allgemeinen Verhältnissen der Kultur. Indem die griechischen Staaten immer mehr in Verfall geraten, tritt an die Stelle des Hellenentums das Weltbürgertum, zumal die Philosophen aus der ganzen alten Welt nach Griechenland zusammenströmen. Damit wird zwar der Anschauungskreis erweitert; aber was er an Umfang gewinnt, büsst er an innerer Kraft ein. Der Mensch fühlt sich nicht mehr als Glied eines nationalen Ganzen; sein Vaterland ist die Welt, in der er, auf sich selbst angewiesen, sich zurechtfinden muss. Infolgedessen gewinnt er für seine Individualität mehr Freiheit; er fühlt sich als selbständige Persönlichkeit, als ein Ganzes, da es ein grösseres Ganze nicht gibt, an das er sich anschliessen kann. Er sucht in sich selbst sein Lebensziel, da es ihm nicht mehr bestimmt wird durch die nationale Tradition.

So verschiebt sich der Begriff des μεγαλόψυχος bei Stoiker. den Stoikern[2]). Auch diese fordern von ihm Taten, gross und segensreich, zugleich mühselig und schwer. Aber stärker wird hier betont die Geringschätzung alles dessen, was zu den ἀδιάφορα gehört. Frei von jeder Leidenschaft, unbeugsam vor dem Schicksal, darf der grosse Mensch nur der Tugend folgen. In der Betätigung einer starken sittlichen Kraft, die den Menschen über Glück und Unglück erhaben macht, die sich verteidigt und durchsetzt gegen alle äusseren Einflüsse, sehen die Stoiker die höchste Seelengrösse. Dadurch aber verliert die Tätigkeit und Schaffensfreude ihre Bedeutung und muss einem mehr passiven Verhalten weichen[3]). Daher kann auch der Nachruhm nicht das Ziel des

---

1) Isocrates πρὸς Νικοκλέα 20.
2) Vgl. Diog. Laert. VII 193 u. 128; Stobaeus p. 106.
3) Diog. Laert. VII 118.

Strebens sein[1]); der Mensch würde dadurch in seiner Freiheit beschränkt, in seiner inneren Ruhe gestört werden.
Die Ehre muss der grosse Mensch verachten wie Reichtum und sinnliche Lust. Und wenn die Stoiker ihrem
Weisen politische Tätigkeit zugestehen, so wird auch
diese sich in dem Sinne der stoischen Ethik auf das Auf-
fordern zu einem tugendhaften Verhalten beschränken,
als welches wir die ἀταραξία, die Seelenruhe in aller
Drangsal des Lebens, kennen gelernt haben[2]).

In dieser freien Selbstbestimmung gelangen die
Stoiker zu der höchsten Steigerung der Individualität[3]).
Allein das Streben nach Lebensentfaltung, nach Voll-
tätigkeit ist zurückgetreten. Nicht die Ehren des Staatsmannes, nicht der Ruhm kriegerischer Taten erscheint
mehr erstrebenswert.

Cicero.   Anders bei dem Römer. Er hat noch eine starke
Nation, ein grosses Volk. Ihm blühen noch die Ehren
des Forums; der Klang der Waffen ist ihm liebliche
Musik, der Triumph des Siegers das höchste Ziel seines
Ehrgeizes. Deshalb finden wir das stoische Ideal des
μεγαλόψυχος bei Cicero in etwas anderer Färbung
wieder[4]). Der Römer, dessen Berufsleben so innig mit
der Politik verknüpft ist, kann sich davon nicht trennen,
ohne seine besten Kräfte lahm zu legen. Die politische
Laufbahn bietet dem Römer den Weg zur Grösse; hier
ist ein schöpferischer Geist nötig, der die Welt mit
neuen Gedanken befruchtet, eine überlegene Kraft, die
jeden Widerstand siegreich überwindet, um die Nation
gross und mächtig zu machen. Um diese Zwecke zu
erreichen, muss der Staatsmann Hoheit der Gesinnung
mit Ruhe und Festigkeit des Gemütes vereinigen, eines
Gemütes, das unerschüttert bleibt von den Stürmen der
Leidenschaft wie von den Bitternissen des Schicksals.

---

1) Diog. Laert. VII 117.
2) Diog. Laert. VII 121.
3) Auch Epicur will die Lebensgestaltung der individuellen
Neigung überlassen (nach Plut. de tranqu. an.).
4) Cicero de off. I 20. 21.

Cicero stellt wie die Stoiker und Epikur die Wahl des
des Berufes, sei es der Staatsdienst, sei es das Studium
der Wissenschaft, der persönlichen Neigung und Begabung
anheim — seinen Worten nach wenigstens, die etwas
stark nach der Quelle schmecken. In Wirklichkeit ist er
mit Leib und Seele Politiker wie die grössten Männer
seiner Zeit.

Aber mit dem Untergange der freien Republik
schwindet auch der Ruhm politischer Tätigkeit für den
Römer. Das Kaisertum lässt keinen Raum mehr für auf-
strebende Talente. In seinem Dialogus de oratore weist
Tacitus darauf hin, dass durch die Monarchie die poli-   Tacitus.
tische Tätigkeit in enge Grenzen gezwängt und ihrer
hohen Ziele beraubt werde: „crescit enim cum amplitu-
dine rerum vis ingenii". Wozu brauchen wir noch so
viele Volksversammlungen, ruft er aus, wenn über Staats-
geschäfte nicht der beschränkte Untertanenverstand berät,
sondern der Einzige, Allweise!

Jedoch nicht nur auf politischem Gebiet, sondern
auch in Wissenschaft und Kunst wird der Kaiser die
massgebende Persönlichkeit. „In allen souveränen Staaten
kommt der Gehalt für die Dichtkunst von oben herunter":
das gilt nicht zum wenigsten von der römischen Kaiserzeit. Und wie die Baukunst jener Zeit der Initiative des
Kaisers ihr Dasein verdankt, so dominiert auch in der
Plastik die höfische Kunst, insofern sie in der Bildnis-
kunst und dem Triumphalrelief ihren Höhepunkt findet[1].

Daher klagt der Verfasser der wahrscheinlich im   περὶ ὕψους.
1. Jahrhundert n. Chr. entstandenen Schrift περὶ ὕψους
darüber, dass die grossen Gedanken verkümmern müssen,
da ihnen der Boden der Freiheit entzogen ist. Wie Tacitus auf die sittenlose Erziehung seiner Zeit hinweist,
so tadelt er die Habsucht und sinnliche Leidenschaft,
die an dem Mark des römischen Volkstums nagen. Da

---

[1] Vgl. Norden, Antike Kunstprosa p. 240 ff.; Schanz,
Röm. Lit.-Gesch. II 1 p. 2; Woermann, Geschichte der Kunst
I p. 426 ff.; Goethe, Aus meinem Leben II 7 Bd. 23 p. 6.

ist doch, sagt er, die Republick für alles Grosse schliesslich die beste Amme. Nur Freiheit kann grosse Männer erzeugen und nähren. Nur dann können alle Kräfte ungehindert sich entfalten, nur dann die Lust am Wettstreit sich entzünden, wenn dem aufstrebenden Adler die Schwingen nicht beschnitten, seine Füsse nicht in Fesseln gelegt werden. Wie soll ein grosses Streben möglich sein, wenn politische Bevormundung den Menschen von Kind auf in Gesetze und Regeln zwängt, wenn der Kampf der Leidenschaften, Geld- und Genusssucht den Menschen unfähig macht zu grossen Taten? Nein — die Menschen schlagen ihre Augen nicht mehr zum Himmel auf; es ist keine Rede mehr von Ehre und Ruhm. Die Welt geht ihrem Verderben entgegen, und die Erhabenheit der Seele schwindet kraftlos dahin.

Trotzdem unser Autor seine Zeit mit so schwarzen Farben malt, so macht er doch den Versuch, ein Bild des Erhabenen, das in der Gegenwart so gänzlich mangelt, zu zeichnen.

Das Erhabene ist das Echo einer grossen Seele. Unmöglich ist es, dass ein Mensch mit niedriger Gesinnung etwas Bewundernswertes und Unsterbliches leiste. Dazu ist nur ein Mensch fähig, der sein Glück nicht an die Güter des gewöhnlichen Lebens bindet. Nicht auf solche vergänglichen Dinge ist sein Streben gerichtet. Aus seiner Brust schöpft er tiefe Wahrheiten, grosse Gedanken, aus seiner Phantasie gestaltet er erhabene Kunstwerke und stellt sie der Mit- und Nachwelt auf als ein Bild seiner Seele, das den empfänglichen Geist zu göttlicher Majestät emporhebt. Diese Männer ernten Bewunderung und Ehre, und keine Missgunst kann ihnen die Palme des Sieges entreissen, ἔστ' ἂν ὕδωρ τε ῥέῃ καὶ δένδρεα μακρὰ τεθήλῃ.

Und was ist es denn, das jene Geistesheroen zu ihren Schöpfungen entflammt? Ist es nicht der Gedanke, dass die Natur uns auf den grossen Schauplatz des Weltalls stellte, auf dass wir teilnehmen an dem ewigen Kampf des Lebens? Fühlen wir nicht in uns einen unbezwingbaren Trieb zum Grossen und Erhabenen, der uns fortreisst zu grossen Taten? Ja, das ist es, was uns die Welt eng macht, was unsere Gedanken hinaushebt über die Nichtigkeit des Alltagslebens, uns hinausträgt in das Unendliche! Und wenn man sieht, wie doch im Leben das Grosse und Schöne den Sieg gewinnt, so wird man erkennen, dass darin im letzten Grunde der Zweck unseres Daseins liegt.

Finden wir in diesem Bilde des grossen Menschen die Farben der Stoa unschwer wieder: in der Verachtung der äusseren Güter, in der psychischen Vertiefung, dem Zurückziehen auf die eigene Individualität und der Abkehr von dem schalen Treiben der Welt, so leuchtet doch auch der Grundgedanke des Aristoteles hervor in dem Streben nach freier Entfaltung eigener Kraft, nach der Vollendung einer sittlichen Persönlichkeit, um welche Ehre und Ruhm den Kranz der Unsterblichkeit winden. Äussere und innere Freiheit sind die Grundbedingungen für die Entwicklung einer grossen Seele, das göttliche, erhabene Streben des Geistes die Aufgabe der menschlichen Natur. Der Individualismus ist nicht zu jener schroffen Abschliessung nach aussen gesteigert, wie bei den Stoikern, sondern er ist gemildert durch den Gedanken eines allgemein-menschlichen Strebens, und getragen von dem Gefühl des Enthusiasmus, der den Menschen in die Arme der Natur führt und ihn aufgehen lässt in dem grossen All.

Den stoischen Gedanken der in sich selbst ruhenden Persönlichkeit finden wir auch bei Seneca ausgeführt. Seneca. Von dem Naturalismus der Stoa ausgehend, erkennt er in der menschlichen Seelengrösse, der magnanimitas, eine Gabe der Natur. Nur der Mensch ist wahrhaft edel, der von der Natur zur Tugend geschaffen ist. Nicht rauchgeschwärzte Ahnenbilder, nicht der Ruhm unserer Vorfahren ist unser Verdienst. Der Geist verleiht Adel, der sich in jeder Lage über das Schicksal erhaben zeigt[1]).

---

1) Ep. 44.

Wie die Natur den Tieren teils Wildheit, teils List, teils
Furchtsamkeit verliehen hat, so ist der Mensch mit einem
erhabenen Geist ausgestattet, der nur dem, Edlen und
Guten nachstrebt, einem Abbild des grossen Alls. Über
allem schwebt, über alles herrscht er, nichts kann seinen
Nacken beugen, seinen Sinn erniedrigen. Unüberwindlich
besiegt er alle Schwierigkeiten; mit Beharrlichkeit und
Ausdauer verfolgt er sein Ziel [1]). Den Schlägen des
Schicksals bietet er die Stirn, er wankt nicht und flieht
nicht. Er ist erhaben über das Unglück und beklagt
sich nie über sein Schicksal [2]). Irdische Schätze reizen
ihn nicht, er begehrt nicht nach Ruhm und Ehre [3]).
Denn der Ruhm ist eitel und beweglicher als die Luft [4]).
Als Schatten der Tugend folgt der Ruhm auch dem, der
ihn nicht sucht [5]). Und was erreicht denn der Ruhm-
süchtige? Die Länge der Zeit wird seinen Namen bleichen,
und nur wenige werden ihr Haupt über den Strom der
Vergessenheit erheben [6]). Nein, nicht in dem Begehren
irdischer Güter zeigt sich die Grösse der Seele, sondern
in der Verachtung alles dessen, was dem gemeinen
Menschen begehrenswert erscheint, und in dem göttlichen Streben nach der himmlischen Schönheit, nach
der Erkenntnis der göttlichen wie der menschlichen Dinge.
Wenn der grosse Mensch in unermüdlicher Tätigkeit
dieses Ziel verfolgt, wird er zu jener ruhigen Harmonie
des Lebens gelangen, welche dem Weisen als das höchste
Gut erscheint. Dann wird er in allen Dingen das Ewige,
das Göttliche sehen und seine Seele zu der Hoheit des
göttlichen Geistes erheben, von dem ein Teil in seine
Brust übergegangen ist. So wird er eine vollkommene
Persönlichkeit; wie ein Licht in der Dunkelheit leuchtet
er den Menschen und gewinnt ihre Liebe durch seine
Sanftmut und Seelenruhe [7]).

Marc
Aurel.   · Schreiten wir nun weiter, so wird es stiller und
stiller in der Seele der alten Welt. Die Vergänglichkeit

---

1) Ep. 79.   2) Ep. 120,   3) Ep. 31.
4) Ep. 113.   5) Ep. 79.   6) Ep. 21.
7) Ep. 31, 120; vgl. Ep. 115, 20; Cl. I 5, 3; Dial. II 11, 1.

des Irdischen mahnt den Weisen an das eigene Ende.
Nichtig und leer scheint ihm das Streben nach Ruhm,
das Leben nicht wert, dass man sich mit ihm abgebe.
Was hilft dem Menschen eigene Kraft, selbständiges
Schaffen, grosse Taten? Ist doch alles dem unabänder-
lichen Schicksal unterworfen, der Mensch selbst ein Teil
der Harmonie des Weltalls, dem er dienen, in dem er
aufgehen muss. So bleibt als Quintessenz des menschlichen Lebens übrig: die körperlichen Dinge sind ein
Strom, die seelischen Erscheinungen Traum und Dunst,
das Leben selbst ein Kampf, ein Rastort des Wanderers;
Streben ist eitel, Ruhm ist Vergessenheit. Lebe deiner
Natur gemäss, erwarte den Tod in Ruhe und sieh in
der Auflösung aller Dinge das gesetzmässige Walten der
Natur.

So schreibt Marc Aurel, der edelste Mensch auf
dem Thron. Wie Grabesgesang tönen seine Worte. Die
Menschen sind müde geworden und sehnen sich nach
Ruhe und Frieden im Schosse der ewigen Natur. Für
eine von Schaffensdrang erfüllte Menschennatur ist kein
Platz mehr in dieser Welt, — bis ein neues Geschlecht
heranwächst, das den Geist der Antike zu neuem Leben
erweckt.

Überblicken wir nun noch einmal das Wesen des
grossen Menschen, wie es sich aus der antiken Kultur
ergibt.

So eng Griechen und Römer durch mannigfache **Die Kultur**
Beziehungen verknüpft sind, so liegt doch in dem Wesen **des klass.**
beider Völker ein schroffer Gegensatz. Die griechische **Altertums.**
Kultur ist auf die Entwicklung des Intellekts, die römische
auf die des Willens gerichtet. Der intellektuelle Charakter des griechischen Geistes ist einerseits ästhetisch
insofern, als er, von der Neigung für die sinnliche Form
ausgehend, zu dem Prinzip einer massvollen Harmonie
in der gesamten Lebenshaltung führt. Er ist andererseits kritisch-rational in seiner Stellung zur Religion, zur
Natur, zur menschlichen Gemeinschaft.

Das ästhetische Element entfaltet sich in der Kunst.

2

Wie der Hellene die menschlichen Körperformen durch
gymnastische Übungen zu hoher Schönheit ausbildet, so
reizt ihn diese Schönheit der Form auch zu künstlerischer
Darstellung. In dem menschlichen Körper findet der
griechische Künstler die höchste Vollendung der Form
und ist unablässig bemüht, dieselbe zu reiner Darstellung
zu bringen. So sind die Formen des menschlichen Körpers und die Vorgänge des menschlichen Lebens fast
das ausschliessliche Motiv der griechischen Kunst. Indem aber der Hellene auch in der Natur ein Abbild des
menschlichen Seins findet, indem er diese als die grösste
Bildnerin der Form erkennt, wird er in seiner Kunst
der Schüler der Natur. So ist das griechische Kunstwerk gleichsam ein Naturwesen, durchstrahlt von der
Schönheitsherrlichkeit des menschlichen Geistes.

Der Mensch ist das Mass aller Dinge. So lehrt
die griechische Kunst, und so lehrt auch die griechische
Philosophie, die aus dem rationalen Element des griechischen Geistes hervorgeht, wie jene aus dem ästhetischen. Auf der Grundlage der sinnlichen Wahrnehmung
baut die menschliche Vernunft ihre Begriffe auf. Von
hier aus prüft sie die religiöse Überlieferung, die Erscheinungen der Natur und die Grundsätze des sittlichen
Tuns und sucht sie in Übereinstimmung zu bringen mit
den Prinzipien des menschlichen Erkennens. Von dem
menschlichen Intellekt aus entwickelt Plato seine Ideenlehre, von hier steigt Aristoteles hinauf zu der reinen
Intelligenz, dem göttlichen νοῦς. Und endlich ist ja auch
die Mathematik, die absolute Verstandeswissenschaft,
von den Griechen gepflegt und ausgebildet worden.

In schroffen Gegensatz hierzu steht das Römertum.
Die Geschichte des römischen Geistes ist die Geschichte
seines Willens, Herrschen das Motiv seines Handelns.
Weder Kunst noch Philosophie sind auf römischer Erde
erwachsen, wohl aber eine willensstarke Politik, welche
Rom zur Herrin der alten Welt gemacht hat. Man betrachte das Portrait eines römischen Bürgers republika-
nischer Zeit, und man wird „feste und zielbewusste

Willenskraft, klaren, praktischen Verstand, nicht geringes Selbstgefühl" darin finden[1]).

Im Zusammenhang mit dem Herrschaftsstreben des Römers steht die Ausbildung des Rechtsbewusstseins und der Rechtswissenschaft. Wie der Römer nach innen die Entscheidung auf dem Rechtswege herbeiführt, so nimmt er sie nach aussen mit Waffengewalt. So sind Recht und Heer die grössten Schöpfungen des Römertums geworden.

Will man den Ursachen dieser Grundverschiedenheit beider Völker nachgehen, so ist es sicher nicht ohne Bedeutung, dass der Grieche als Seefahrer und Kaufmann frühzeitig mit alten Kulturvölkern in Verkehr tritt, durch die Unfruchtbarkeit seiner Heimat in die Ferne getrieben, und von jenen den Antrieb zu seiner universalen Geistesbildung empfängt, während der Römer als Landwirt in mühsamer Arbeit aus dem eigenen Boden seine Nahrung gewinnt und dem Fremden nicht als Kaufmann, sondern mit der Waffe in der Hand entgegentritt, um sein Eigentum zu schützen und zu erweitern. Daher dort das verstandesmässige Erfassen des Objekts, hier das energische Beherrschen desselben, dort phantasiereiche, universale Geistesbildung, hier nüchterne, einseitige Tätigkeit.

Dieser Kulturentwickelung entspricht das Wesen des grossen Menschen im klassischen Altertum. Der grosse Hellene ist Künstler oder Philosoph, der grosse Römer Feldherr und Staatsmann. Der griechische μεγαλόψυχος ist erfüllt von dem Drange nach allseitiger, harmonischer Ausbildung, von einer Freude an schöpferischer Tätigkeit. Doch weit entfernt von übersprudelnder Leidenschaft, von unbefriedigtem, ruhelosem Suchen und Grübeln zeigt er in seinem Wesen massvolle Harmonie und steht in seinem Handeln unter dem Einfluss verstandesmässiger Reflexion. Nur der ist wirklich gross, der das, was er erstrebt, zu erreichen fähig ist. Und wie

Wesen des grossen Menschen im Altertum

---

[1]) Vgl. Cic. de off. I 6: virtutis laus omnis in actione consistit.

der grosse Hellene in sich selbst das rein Menschliche
zu voller Entfaltung bringen will, so vereinigt er in
seinem Kunstwerk mit der harmonischen Schönheit der
Form den Ausdruck edler Menschlichkeit. Wie er hier
die Leidenschaft dämpft und beherrscht zeigt von er-
habener Seelengrösse, so tritt er auch im Leben dem
Leide mit der überlegenen Ruhe entgegen, welche das
Bewusstsein einer universalen Geistesbildung verleiht;
er nimmt dem Schicksal den Stachel, indem er' ihm
beweist, dass es auf die Freiheit seiner Seele keinen
Einfluss habe, und überwindet es so durch eigene Tätigkeit. Hierdurch erlangt der μεγαλόψυχος jene un-
getrübte Klarheit des Geistes, welche nie fortgerissen
wird von den Wogen und Stürmen der Gefühle. Indem
er .nun das Interesse für die Form mit einer vollkommenen Verstandesbildung vereinigt, ist er Künstler
und Philosoph zugleich. In diesem Sinne kann wohl
Plato als der grösste Hellene gelten, in dessen Dialogen
die Schönheit dichterischer Phantasie ebenso bewunderns-
wert ist wie die Tiefe philosophischer Spekulation.

Wenn die Grösse des Hellenen auf der vielseitigen
Entfaltung des Intellekts beruht, so ringt der Römer
sich zur Seelengrösse empor vermöge der Kraft eines
dominierenden Willens. Diese kann aktiv sein: dann
führt sie ihn auf die Bahn des Feldherrn und Staatsmannes. Hier aber treibt sie ihn rastlos vorwärts, denn
sie duldet keinen Willen über sich. Rücksichtslos jeden
Widerstand beseitigend, stets strebend und kämpfend,
findet sie nicht im Besitz, sondern im Streben das Wesen
ihrer Tätigkeit, denn ein Ruhen heisst für sie zurück.
So entbehrt sie im Rasten wie im Schaffen des inneren
Friedens. Deshalb hat das Heldenleben etwas Tragisches,
das sich aus dem Wesen des Helden mit Notwendigkeit
ergibt. Der tragische Untergang Caesars bildet den
notwendigen Abschluss seines Lebens. Der Held gleicht
hierin demjenigen Verbrecher, den eine grosse Seele auf
die Bahn des Verbrechens führt. Beide streben unauf-
haltsam vorwärts, bis die zurückgedrängten Elemente

übermächtig anschwellen, über ihnen zusammenschlagen und sie vernichten.

Die Willenskraft kann sich jedoch auch im Leiden äussern. So finden wir sie in der Lehre der Stoa, die mit ihrer Betonung einer starken sittlichen Kraft dem römischen Geiste wesensverwandt ist. Daraus hat sich jenes Bild der Römergrösse erzeugt, die den Schmerz bis zur Unempfindlichkeit ertötet, die Vater- und Freundesliebe zurücktreten lässt vor der Pflicht des römischen Bürgers, die in den drei Worten alles sagt: civis Romanus sum. Dieses Ideal der Römergrösse ist verkörpert im alten Cato, der sich selbst tötet, weil er seine Freiheit und die des Vaterlandes nicht mehr retten kann. In Caesar aber vereinigen sich die beiden Erscheinungen römischer Willensmacht, in dem Manne, der unüberwindlich war als Feldherr, gross als Staatsmann und erhaben im Augenblick des Todes.

So gross der Gegensatz zwischen der Grösse des Hellenen und der des Römers ist, so lassen sich doch in ihrem Wesen gemeinsame Grundzüge nicht verkennen. In ihrer durchaus subjektiven, · in sich selbst konzentrierten Individualität, in der vollen Entfaltung geistiger Kraft zeigen sie das Bild einer ethischen Persönlichkeit. Und schauen wir tiefer in ihre Seele hinein, prüfen wir das, was sie bewegt und leitet in ihrem Handeln, so erkennen wir zwei gemeinsame Motive, ein altruistisches und ein egoistisches : das stolze Bewusstsein der Nationalität, der Gemeinschaft eines grossen Volkes und das Streben nach Ehre und Ruhm, das in dem Wunsche nach Unsterblichkeit seinen natürlichen Ursprung hat. Das Grab grosser Männer, sagt Thukydides, ist die ganze Welt; ihr Andenken bewahrt nicht allein die Inschrift einer Marmorsäule in der Heimat, sondern auch in der Fremde pflanzt sich ihr Name fort in dem Gedächtnis der Menschen, und besser ruht ihr Andenken in der Seele der Menschen als auf marmornen Denkmälern. Und Horaz, gleich als ahnte er die Unsterblichkeit seines Namens, bricht in die stolzen Worte aus:

Exegi monumentum aere perennius
regalique situ pyramidum altius,
quod non imber edax, non Aquilo impotens
possit diruere aut innumerabilis
annorum series et fuga temporum.

Erster Teil.

Die Kultur der Renaissance.

Das Christentum. Wir haben aus der Schrift περὶ ὕψους den inneren Zersetzungsprozess kennen gelernt, der die römische Volkskraft verzehrte. In der Kaiserzeit, in welcher das Reich nach aussen in höchstem Glanze erstrahlt, ist innerlich der Bau völlig morsch geworden. Die Resignation eines Marc Aurel zeigt das Antlitz eines Greises, und greisenhaft ist das Volk seiner Zeit, verschwunden das Streben nach Herrschaft und Grösse. Man fühlt sich alt. Die Freiheit ist tot und hat den freien Sinn des Menschen ins Grab gezogen. Die alten Götter sind auch tot, und fremde Religionen, die man eingeführt hat, können den Mangel eigner Religiosität nicht ersetzen. Was nützt ein Leben, das keinen inneren Wert mehr hat? Man ist des Lebens überdrüssig, man wirft es weg wie ein altes Kleid, eine unerträgliche Last.

Dieser Stimmung kommt das Christentum entgegen. Wie der dekadente Mensch der Zeit verzichtet es auf das Streben nach Macht, Ehre und Ruhm, ja verurteilt es. Statt dessen will es dem Menschen inneren Frieden bringen, indem es ihm empfiehlt, in seiner seelischen Zerrissenheit sich der Gnade eines allgütigen Gottes anzuvertrauen. Es will den Menschen abwenden von den irdischen Dingen; der in Sünden zerfallenen Welt setzt es eine neue übernatürliche Welt entgegen. Der Armen und Unterdrückten nimmt es sich an und verheisst ihnen

in einem Jenseits Entschädigung für das, was ihnen auf
Erden versagt blieb. Ein Streben nach Weltflucht und
Lebensverneinung liegt in seinem Wesen. Es ist die
Grundstimmung einer dekadenten Welt, eine Stimmung,
die in der christlichen Demut und Entsagung, in der Erkenntnis der menschlichen Schwäche und Hinfälligkeit,
der Unfähigkeit zu eignen kraftvollen Leistungen seinen
Ausdruck findet. Indem aber das Christentum dem an
sich verzweifelnden Menschen wieder einen Lebensinhalt,
ein Ideal gibt, an dem er Stütze und Halt findet, wird
es seine Retterin und gewinnt jene bezwingende Macht
über die Gemüter, die es zur Religion Europas gemacht hat.

Betrachtet man das Verhältnis des Christentums zur
Antike, so lassen sich zwei Strömungen darin erkennen.
Die eine Richtung stellt sich der antiken Welt feindlich
gegenüber. So unternimmt es Tatian in seinem Λόγος
πρὸς Ἕλληνας, „die griechische Bildung, Sitte, Kunst und
Wissenschaft herabzusetzen, um an ihrer Statt das Christentum zu empfehlen". Den gleichen Zweck verfolgt der
Διασυρμὸς τῶν ἔξω φιλοσόφων des Hermias. Und höhnisch
fragt Tertullian, was denn die griechischen Philosophen
mit ihrer Spekulation erreicht hätten: nichts als das Be-
kenntnis ihrer Unwissenheit; der einfachste Christ wisse
mehr von Gott als alle alten Philosophen. Der Christ
allein besitzt die Wahrheit, die schliesslich in dem Para-
doxon gipfelt: „credibile est, quia ineptum est".

Auf der anderen Seite finden wir eine bewusste
Anlehnung an die Antike. Wenn wir bereits in den
Schriften des Neuen Testaments die Einflüsse alexandri-
nischer Spekulation erkennen, so tritt in der Gnosis und
später bei Clemens von Alexandrien und Origenes die
Einwirkung antiker Philosophie noch stärker hervor.
Hier wird dieselbe in den göttlichen Erziehungsplan ein-
gereiht und als Vorbild für die Systeme der Psychologie
und Ethik verwandt. Wie ferner der Neuplatonismus
in den areopagitischen Schriften für die christliche Lehre
verwertet wird und von da aus weiter wirkt, so wird

Aristoteles für die Scholastik der massgebende Philosoph und bleibt es, bis die Renaissance das Ansehen Platons wieder zu Ehren bringt.

Wenn wir demnach in gewissem Sinne von einem Siege des Hellenismus in der Entwicklung der christlichen Dogmatik sprechen können, wenn andrerseits in der Entfaltung der christlichen Kirche zu einer weltbeherrschenden Macht das altrömische Herrschaftsstreben wieder aufzuleben scheint, so steht doch das Christentum mit der Antike innerlich in einem unversöhnlichen Gegensatze. Während das klassische Altertum von künstlerischem Geiste durchdrungen ist und das Ziel des Lebens in der Entfaltung des Einzelnen zu einer harmonischen Persönlichkeit, zu machtvoller Grösse findet, so ist das Christentum durchaus unkünstlerisch, sieht in dem Trieb der Natur etwas Wertloses, Sündhaftes, macht den Menschen zu einem schwachen, verderbten Geschöpf, abhängig von der göttlichen Gnade. Dem Individualismus der Antike setzt sich der Sozialismus des Christentums gegenüber, dem Herrenmenschen die Philosophie des Proletariers. Und diese Gegensätze gehen fortan nebeneinander her, unversöhnlich, mit blutigem Hass einander verfolgend, ringend um Herrschaft und Macht. Wie in den ersten christlichen Jahrhunderten der römische Staat mit Gewalt die neue Lehre zu erdrücken versuchte, so hat nachher die christliche Kirche, als sie zur Herrschaft gelangt war, in gleicher Weise sich bemüht, das Heidentum auszurotten und „mit Feuer und Eisen zuerst im Orient, dann im Okzident Tempel, Kapellen und Stätten der alten Kulte in Schutt und Asche gelegt" (Friedländer)[1]).

Auf den Trümmern des zerfallenden Römerreiches sehen wir in der Folgezeit germanische Staaten entstehen, die das entkräftete Land aus seiner Erschlaffung herausheben und die Möglichkeit einer lebensfrischen Kultur schaffen. Wir sehen dann das Land durch Bürger-

---

1) Vgl. Victor Schultze, Geschichte des Untergangs des griechisch-römischen Heidentums p. 354 ff.

kriege zerrissen und aus den Kämpfen zwischen päpst-
licher und kaiserlicher Gewalt die Städte emporwachsen,
die sich allmählich von jeder Oberherrschaft losreissen
und freie Stadtrepubliken mit aristokratischer Verfassung
bilden. Die Folge davon ist eine unerhörte Zerrissenheit, die noch gefördert wird durch den Kirchenstaat,
der Italien in zwei Hälften trennt und jeden Versuch
einer Einigung unmöglich macht. Durch die Kreuzzüge,
das Bekanntwerden mit dem Orient werden dem Handel
neue Bahnen erschlossen. Dadurch gelangen die Städte
in der politischen Zerrissenheit zu Macht und Grösse,
soweit günstige wirtschaftliche Bedingungen ihnen eine
gesunde Entwicklung ermöglichen. So wird Venedig die
Königin der Adria, Mailand beherrscht den Binnenhandel,
Florenz wird gross durch seine Industrie und stark durch
mächtige Fürsten, Rom behauptet seine Macht als Zen-
trum der Kirche.

Diese soziale Entwicklung bildet die Grundlage für *Entfaltung*
eine Entfaltung des Individuums. Wie in dem Griechen- *des Individuums*
land des 5. Jahrhunderts die Perserkriege, so haben hier *Einfluss de*
die Kreuzzüge den Blick auf die Ferne gelenkt; durch *wirtschaft-*
weit ausgedehnte Handelsbeziehungen wird der Gesichts- *lichen Entwicklun*
kreis erweitert, die Leistungsfähigkeit erhöht; neue Gebiete öffnen sich, auf denen der Mensch seine Tätigkeit
entfalten kann. In dem Masse aber, in dem die Ansprüche an seine Leistungsfähigkeit wachsen, muss er
auch darauf bedacht sein, auf den Grad geistiger Bildung
zu gelangen, der durch die veränderte soziale Lage bedingt ist. So treibt der wirtschaftliche Wettstreit auch
den Einzelnen zu grösserer Anspannung seiner Kräfte.

Neben der wirtschaftlichen Entwicklung beeinflusst *Einfluss de*
auch die politische Gestaltung Italiens die Entfaltung des *politischen Entwicklun*
Individuums. Der Kampf der Stadtrepubliken gewährt
dem Einzelnen ein hohes Mass von Freiheit und gibt ihm
die Möglichkeit, sich durch hervorragende Leistungen
eine angesehene Stellung im Staate zu erringen. Freilich artet diese Freiheit oft in Zügellosigkeit aus, und
oft wird sie in ebenso gewaltsamer Weise zurückgedrängt.

Dadurch gewinnt die Renaissance ihren blutigen, gewalt-
tätigen Charakter. Dadurch aber, dass der Einzelne in
einem Zustande brutaler Gewaltherrschaft zur Selbsthilfe
greifen muss, wird seine Widerstandskraft gestählt, sein
Selbstbewusstsein gehoben.

efreiung von
er Autorität
er Kirche. Am wichtigsten aber für die Befreiung des Individuums ist das Sinken der kirchlichen Autorität. Solange
die Kirche das war, was sie predigte, konnte sie die
Gläubigen in ihren Bann zwingen. Indem aber die Kirche
die Reinheit der Gesinnung, welche sie als das wichtigste Element des christlichen Glaubens betonte, an den
Verkündern dieser Lehre selbst vermissen lässt, indem
sie an Haupt und Gliedern zu faulen beginnt und durch
Gewalttat und Sittenlosigkeit dem gläubigen Christen die
Fesseln, die sie ihm auferlegt, unerträglich macht, da
regt sich in dem Menschen das Bedürfnis, diese Fesseln
zu zerreissen. Eine Kirche, in welcher Mord und Raub,
Sinnenlust und Gewinnsucht den Charakter des Un-
gewöhnlichen verloren haben, kann weder einem andern
Achtung einflössen, noch sich selbst widerstandsfähig
erhalten. Daher die Beschuldigungen, welche von Be-
ginn der Renaissance an gegen sie erhoben werden. Man
Dante. denke an die Anklagen, welche Dante in der Commedia
den Päpsten und Priestern ins Gesicht schleudert. Nikolaus III. findet er bereits unter den Verdammten; Bonifaz VIII. und Clemens V., der noch unter den Lebenden
weilt, werden ebenfalls dort erwartet. In harten Worten
lässt er Nikolaus Orsini selbst seinen Charakter: seine
Geldgier und seinen Nepotismus, enthüllen[1]. In ihrer
rücksichtslosen Herrschsucht scheuen sich die Päpste
nicht, fremde Fürsten zu Schergendiensten herbeizurufen.
Dante selbst tritt, als Bonifaz Karl von Valois gegen
Florenz herbeiruft, an die Spitze einer Gesandtschaft,
um die Eingriffe des fremden Fürsten zu verhindern,
aber vergeblich. Um so grösser ist sein Hass gegen diese
Männer[2]. Ebenso ergrimmt ist er auf die Pfaffen, die

---

1) Commedia XIX 67 ff. Inferno.
2) Inferno XIX 88 ff.; Paradiso XXX Ende.

nicht mehr den Vorschriften gemäss leben wollen, auf
Päpste und Kardinäle, die an Geiz alles übertreffen[1]). Er
wirft der Kirche seiner Zeit vor, dass sie die heilige
Schrift vernachlässige und verdrehe, dass jeder nur nach
dem Scheine trachte, dass die Pfaffen predigen, was
ihnen gut dünkt, dass sie die Gemeinde mit erson-
nenen Fabeln abspeisen. Während man früher mit dem
Schwerte für den Glauben kämpfte, ist jetzt die Predigt
zum Possenspiel geworden[2]). Die reine Lehre Christi
ist verlassen, seit das Gold im Vatikan regiert[3]).

Dieselben Klagen wie hier an der Schwelle der
Renaissance begegnen uns auch im Quatrocento und
Cinquecento.

Machiavell erinnert an die unheilvolle Wirkung Machiavelli.
der durch die Kirche veranlassten Kriege, welche Italien verwüstet haben, und wirft der Kirche vor, dass
sie selbst die Barbaren gerufen habe und dies noch
immer tue. Den Grund des Sinkens der kirchlichen
Autorität sieht er in der Sittenlosigkeit der Geistlichen.
Während bisher von Nachkommen der Päpste nie die
Rede war, wird dies seit Nikolaus III. ganz gewöhnlich[4]).
Auf die Wichtigkeit der Religion für die Erhaltung der
Staaten hinweisend, zeigt er, dass die Entfernung von
der Lehre des Stifters die Staaten unglücklich mache,
und dass die Völker jetzt desto weniger Religion haben,
je näher sie Rom als der Hauptstadt der Religion sind.
Denn durch das schlechte Beispiel des römischen Hofes
hat sich das Land von der Frömmigkeit entfernt. Der
Kirche und den Geistlichen sei es zu danken, dass die
Religion so verachtet sei und das Land von Uneinigkeit
zerrissen werde. Denn kein Land kann glücklich sein,
wenn es sich nicht in einer Republik oder unter einem
Fürsten vereinigt. Die Kirche wollte herrschen, hat aber
nicht Macht genug gehabt, um ganz Italien zu erobern,

---

1) Inferno VII 46.
2) Paradiso XXIX 85.
3) Paradiso IX 125.
4) Machiavelli Hist. Flor. I.

und doch wollte sie keinem andern die Herrschaft überlassen; deshalb rief sie stets von neuem Fremde herein,
wenn sie um ihre Macht besorgt war. So ist die Kirche
schuld, dass Italien uneinig und schwach ist[1]).

Angriffe auf die christl. Religion. Endlich wird die Religion der christlichen Kirche
selbst angegriffen.

Begeistert preist Machiavell die Religion des
klassischen Altertums. Dieses vergötterte nur solche
Menschen, die sich in der Welt grossen Ruhm erworben
hatten. Die christliche Religion dagegen sieht in einem
demütigen und betrachtenden Leben die höchste Tätigkeit des Menschen. Demut, Unterwürfigkeit und Verachtung irdischer Dinge sind die Ideale des Christentums. Das höchste Gut der Alten war Mut und Kraft,
alles, was den Menschen zum Helden macht. Die Kraft
dagegen, welche das Christentum fordert, soll sich mehr
in Leiden als in Heldentaten zeigen. So ist die Welt
schwach und willenlos geworden, eine Beute schlechter
Menschen, welche den grossen Haufen ungestört beherrschen, der lieber Beleidigungen ertragen als rächen
will[2]).

Giordano Bruno. Mit beissendem Spott und grimmiger Satire greift
Giordano Bruno die Lehre der christlichen Kirche
an. Er verspottet den christlichen Vorsehungsglauben[3]);
er wendet sich mit derselben Schärfe gegen das prote-
stantische Muckertum wie gegen die Auswüchse des
Katholizismus und verurteilt den religiösen Fanatismus,
der den Gegner bis aufs Messer bekämpft, der Staaten
vernichtet und Länder zerstört[4]). Er verhöhnt die heilige
Eselei, die heilige Unwissenheit, die heilige Dummheit
und die fromme Ergebenheit, der es zuzuschreiben ist,
dass die Forschung nicht fortschreitet[5]). Er will nicht
dulden, dass man die Beherrschung des Körpers der

---

1) Discorsi I 12.
2) Discorsi II 2.
3) Spaccio della best. trionf. p. 452.
4) lat. Schr. Bd. I p. 208.
5) Cabala del cavallo Pegaseo p. 564, 25.

Herrschaft über die Seele gleichsetze[1]), dass man für Menschen, die nichts geleistet haben, Statuen errichte[2]). Er verwirft eine Religion, welche die edle Ruhmsucht für Sünde erklärt; er hasst die mordbefleckte Inquisition mit ihren von Menschenblut triefenden Altären, und die Jesuiten vergleicht er mit den Harpyien, welche die Luft verdunkeln und den Anblick der hellen Gestirne rauben[3]). Am heftigsten aber bekämpft er das jüdische Element der christlichen Lehre, welches einen Menschen „der unwürdigsten und schmutzigsten Rasse der Welt" zum Gott erhebt[4]). Er empfindet die innere Lüge in der Verehrung jüdischen Wesens und giesst all seinen Spott aus über den Schein, jenen „Orion", der aus Schwarz Weiss machen will, der das hochherzige römische Geschlecht nicht schätzen kann, der behauptet, dass alle Götter Chimären und Phantasiegebilde seien. An seine Stelle sollen Fleiss und kriegerische Tüchtigkeit treten, die dem Vaterland den Frieden erhalten und die Barbaren zu bürgerlichem Leben und zur Menschlichkeit zurückführen[5]). Die Gesetze der Juden und Sarazenen erscheinen ihm tierisch und barbarisch im Vergleich zu dem Heroismus und der Sittlichkeit der Antike[6]). Eine Flut von Schmähungen ergiesst er über die Juden, „generatione tanto pestilente, leprosa et generalmente perniciosa"[7]); „la smarrita gente et popolo della dea Perditione"[8]). Die ganze Schrift: Cabala del cavallo Pegaseo ist eine Satire auf die jüdisch-christliche Kultur: l'asina è tipo del popolo Giudaico et il pullo del popolo gentile, che come figla ecclesia è parturito dalla madre sinagoga[9]. Sicherlich ist der Grund dieses ingrimmigen Judenhasses, wie auch Lagarde meint, in Brunos Hass gegen die Kirche zu suchen, „die er als eine Ausgeburt des Judentums ansah". Er verwirft überhaupt die Dogmen

---

1) Spaccio p. 464.   2) ebenda.   3) ebenda p. 449.
4) ebenda p. 545, 16.   5) ebenda p. 544 ff.
6) ebenda p. 520/21.   7) ebenda p. 500, 40.
8) ebenda p. 543, 22.
9) Cabala del cavallo Peg. p. 531, 13.

der christlichen Kirche: die Persönlichkeit Gottes, die
göttliche Natur Christi, die Dreieinigkeit, die Glaubens-
gerechtigkeit, die Sakramente[1]) — kurz, er zermalmt
mit der Wucht seiner Dialektik das ganze Gebäude christ-
licher Glaubenslehre, um zu einer freien Weltanschauung
und einer reinen Gottesverehrung zu gelangen.

Verteidiger der Kirche.   Allerdings fehlt es neben diesen Angriffen auch
nicht an Verteidigern der Kirche. In Savonarola lebt
noch einmal das Mittelalter mit seiner finsteren Askese,
mit seinem drohenden „tut Busse" auf, als Reaktion
gegen den heiteren Lebensgenuss und die sinnlichen
Neigungen der Renaissance[2]). Aber die Stimmung der
Zerknirschung und Reue, die Savonarola durch seine
gewaltigen Predigten hervorrief, war die Stimmung eines
Augenblicks, sie war dem Geist der Zeit fremd. Bald
würde sie als Druck empfunden und abgeschüttelt —
der lästige Warner ward verbrannt.

Freiheit in Kunst und Wissen-schaft.   So schreitet die Befreiung des Individuums unauf-
haltsam vorwärts; die Bollwerke der kirchlichen Auto-
rität sinken nacheinander in Trümmer. „Die Kirche
wankt — denn der Glaube ist abhanden gekommen. —
Mit der Unfähigkeit zum Glauben wächst das Bedürfnis
nach Erkenntnis. Es gibt einen Siedepunkt auf der
Skala der Kultur, wo aller Glaube, alle Offenbarung,
alle Autoritäten sich verflüchtigen, der Mensch nach
eigner Einsicht verlangt, belehrt, aber auch überzeugt
sein will. Das Gängelband der Kindheit ist von ihm

---

1) Spaccio p. 545 ff.
2) Goethe: „Diesem grossen, schönen, heiteren Leben setzt
sich ein fratzenhaftes, phantastisches Ungeheuer, der Mönch Savonarola, undankbar, störrisch, fürchterlich entgegen und trübt pfäffisch
die in dem Mediceischen Hause erbliche Heiterkeit der Todes-
stunde. Eben dieser unreine Enthusiast erschüttert nach Lorenzens
Tode die Stadt, die dessen Sohn, der so unfähige als unglückliche
Peter, verlassen und die grossen Mediceischen Besitztümer mit dem
Rücken ansehen muss." Anhang zur Lebensbeschreibung Cellinis,
Bd. 33 p. 89. Muther: „Auch Savonarola war ein antiker Mensch.
Weniger Religiosität als Ehrgeiz hat sein Tun bestimmt. Doch
gerade, weil er nicht nur ein Priester, sondern auch ein gewal-
tiger Condottiere war, ist er der Diktator seiner Zeit geworden."

abgefallen: er will auf eignen Füssen stehn. Dabei aber ist sein metaphysisches Bedürfnis so unvertilgbar wie irgend ein physisches. Dann wird es Ernst mit dem Verlangen nach Philosophie, und die bedürftige Menschheit ruft alle denkenden Geister, die sie jemals aus ihrem Schoss erzeugt hat, an."

Dieses Urteil, das Schopenhauer über seine eigne Zeit fällt, gilt in vollem Masse auch von der Renaissance. Hatte die Kirche den Blick des Menschen auf sein Inneres, auf die Gesinnung gelenkt und, indem sie ihn mit sich selbst beschäftigte, ihn der umgebenden Natur entfremdet, ja, in der Freude an derselben geradezu etwas Sündhaftes gefunden, so lernt der Mensch jetzt wieder sehen, mit eignen Augen sehen, lernt die Natur verstehen und lieben. Er geht ihren Geheimnissen nach, forscht, experimentiert. Er gewinnt, indem er sie nachahmt, eine neue Kunst, indem er sie erforscht, eine neue Wissenschaft. Der Künstler reisst sich los von der Tradition, er eilt hinaus in die Natur, sucht sie zu erfassen, darzustellen. Die Landschaft, zuerst Staffage, wird schliesslich Selbstzweck. Der Mensch wird nicht mehr als ein der Natur fremdes Wesen aufgefasst, sondern als Glied der Natur, als wesensverwandt mit ihr gefühlt und dargestellt. Der Gelehrte aber schafft sich aus der neugewonnenen Naturerkenntnis eine Naturwissenschaft. Der Philosoph wird Naturforscher und vernichtet mit seiner Waffe die von der Kirche sanktionierte Lehre des falschverstandenen Aristoteles.

Wie hier in wissenschaftlicher Beziehung, so wird auch auf politischem Gebiete die Autorität der Kirche bestritten. Sie beanspruchte eine Oberherrschaft über die gesamte Christenheit, auch über die weltliche Macht des Kaisertums, dem gegenüber die geistliche Gewalt als unmittelbare göttliche Institution betrachtet wurde. Gegen diese Auffassung wendet sich Dante in seiner Schrift „de monarchia" und widerlegt mit allen Regeln der Logik die mannigfachen Beweise, welche die Kirche zur Rechtfertigung ihrer Ansprüche aufgestellt hatte,

Politische Freiheit.

und beweist dann, dass die kaiserliche Autorität unmittelbar von Gott abhänge. Ebenso bestreitet er der Kirche den rechtmässigen Besitz des Kirchenstaates. Auch Machiavell verurteilt, wie wir sahen, die unheilvolle politische Tätigkeit der Kirche, die Italien zum Schauplatz beständiger Kriege gemacht und durch Eigennutz und Herrschsucht so viel Unheil über das Land gebracht hat.

Moralische Freiheit.

Wie der Mensch sich in Religion, Kunst und Wissenschaft von der Tradition befreit, so gestaltet er auch sein praktisches Leben nach eignen Grundsätzen, welche die Konsequenz der veränderten Lebensbedingungen sind. Während das Christentum die sinnliche Welt als ein Jammertal auffasst, dem ein besseres Jenseits gegenübersteht, fühlt der moderne Mensch sich in dieser Welt heimisch und wohl. Eine lebensfreudige, lebenbejahende Stimmung beherrscht ihn und lässt das Jenseits in nebelhafter Ferne verschwinden. Das Mittelalter mit seiner Askese, seiner entsagenden Weltverachtung, seinem demütigen Sündenbewusstsein hatte den Menschen, wie wir sahen, der Natur entfremdet, indem es ihn unermüdlich auf die Selbstzucht verwies, es hatte die Kräfte seines Geistes völlig in diese einseitige Richtung hineingedrängt mit der Mahnung: verzichte auf eigne Kraft, denn du bist ein schwacher, hinfälliger Mensch! Strebe nicht nach hohen Dingen; sei demütig und beuge dich vor dem allmächtigen Gott! Entsage der Welt und ihrer Lust, damit du würdig werdest der ewigen Seligkeit!

Wie wenig diese Lehre dem Menschen der Renaissance kongenial war, haben wir in den heftigen Angriffen gegen die Kirche und ihre Dogmen gesehen. Der Mensch ist wieder zum Bewusstsein seiner Kraft gelangt. In seiner Brust fühlt er seines Schicksals Sterne. In dem Diesseits erkennt er den Kampfplatz, auf dem er des Lebens Güter erringen kann; hier liegen die Ziele seines Strebens, die er erreicht durch eigne Kraft und eigne Arbeit. So setzt der Mensch der Renaissance an die Stelle der christlichen Leidensmoral das Leben der Tat.

Freilich birgt die Befreiung von jeder Tradition auch eine Gefahr in sich. Die Umwertung aller Werte ist zum Teil nur, verneinend. Die Umwälzung in der gesamten Weltanschauung macht auch die ethischen Prinzipien subjektiv. Die Folge davon ist eine Halt- und Zügellosigkeit in der Lebensführung, die jede Moral aufzuheben droht. Die Menschen geben sich ganz der Leidenschaft hin, gleich als wollten sie das zurückholen, was die Welt des Mittelalters begraben hatte. Nur die starken Geister, finden hier ihren Weg. Der Strudel, der andre verschlingt, stählt ihre Kraft, die sie zur Grösse führt. *Sittliche Gefahr.*

Indem wir den Ursachen, die zur Entfaltung des Individuums führten, nachgingen, haben wir die wirtschaftlichen und politischen Bedingungen sowie das Sinken der kirchlichen Autorität als Quellen erkannt. Als vierter Faktor aber tritt hinzu der Einfluss der Antike: die Versenkung in das Altertum, die Bewunderung seiner Grösse und der Wunsch, den grossen Vorfahren gleich zu werden. Diese Erscheinung finden wir bereits an der Schwelle der Renaissance, bei D a n t e. In seiner Schrift „de monarchia" behandelt er die Frage, ob das römische Volk zur Herrschaft berechtigt gewesen sei. An der Hand seiner Lieblinge, des Cicero, Livius und Vergil geht er die römische Geschichte durch und findet, dass das römische Volk von der Natur zur Weltherrschaft berufen war. Es erscheint ihm als das edelste Volk, das vermöge seiner eigenen Tugend der höchsten Ehre würdig sei. Er zeigt, wie die edlen Römer die Gesetze und das Wohl des Vaterlandes dem eignen Vorteil stets vorgezogen haben, wie das römische Volk bei der Unterwerfung der Länder das Wohl der Menschheit im Auge hatte. In seiner Philosophie allerdings geht er noch in den Spuren des Aristoteles und unterscheidet sich dadurch von der Renaissance als der Verehrerin des Plato. Doch ist ihm Plato nicht unbekannt, wie aus *Einfluss der Antike auf die Entfaltung des Individuums.*

Dante.

Paradiso IV. 52 hervorgeht, wo auf die Lehre des Timaeus hingewiesen wird, dass die Seele nach dem Tode zu ihrem Sterne zurückkehre, von dem sie bei der Geburt ausging[1]). Auch mit der Berufung auf Thomas von Aquino, mit der scholastischen Beweisform, die er bei der geringfügigsten Behauptung anwendet, steckt er noch tief im Mittelalter. Aber man fühlt das Morgenrot einer neuen Zeit.

Petrarca.

Diese bricht nun mit Petrarca gewaltig herein. Durch den Wohllaut der ciceronischen Sprache zuerst auf das Altertum aufmerksam geworden, beginnt er, die Werke Ciceros zu sammeln, und dringt durch diesen auch in das Verständnis anderer Schriftsteller ein. Er lernt Homer kennen, beschäftigt sich mit der griechischen Sprache und wird auf Plato hingewiesen. Auf einer Reise nach Rom sieht er dann die herrlichen Reste der alten Stadt verwahrlost und bittet den Papst, für die Erhaltung derselben Sorge zu tragen. Er sammelt Münzen und Medaillen. Wie seine Bibliothek, so ist seine Sammlung von Altertümern die erste in ihrer Art.

Indem sich Petrarca in die Schriften der Alten vertieft, erschliesst sich ihm ein neues Ideal: der Mensch in seinem Streben nach Entfaltung und Tätigkeit, der Mensch in seiner Individualität und Universalität. Dieses Ideal unternimmt er aufs neue zu verwirklichen, und seine Schüler: Boccacio, der Gelehrte, Salutato, der Staatsmann, sind ihm darin gefolgt.

Humanismus.

Der Humanismus, dessen Schöpfer Petrarca ist, wird nun der Stand, welcher sich ausschliesslich dem Studium des Altertums widmet und die Kenntnis des-

Einfluss des griechischen Geistes.

selben verbreitet. Durch die griechische Sprache, für die allerorts Lehrstühle errichtet werden, erschliesst sich auch das Verständnis Platons. Dies wiederum wird der Anlass zu dem erbitterten Kampf gegen Aristoteles.

Philosophie der Renaissance.

Die herrliche Form der platonischen Dialoge musste die nüchterne Sprache des Aristoteles in den Schatten stellen,

---

[1]) Vgl. Plato, Timaeus p. 41.

die Neuheit der Gedanken, der ideale Charakter der platonischen Lehre musste die abgegriffenen, trockenen Formen der aristotelischen Philosophie zurückdrängen. Aristoteles wird derartig gehasst, dass man nur das als richtig bei ihm anerkennt, was er von anderen entlehnt hat, all sein geistiges Eigentum aber verwirft. Damit setzt der Kampf gegen die Scholastik ein, und der Krieg gegen die scholastische Theologie führt dann zum Kriege gegen die Kirche selbst. Statt hohler Begriffe wird der Mensch zum Gegenstand der Betrachtung. Der Mensch beginnt sich selbst zu beobachten, seine Gedanken und Gefühle zu schildern, ihren Zusammenhängen nachzugehen. Aus der gesteigerten Intensität und dem Bewusstsein der sinnlichen Wahrnehmung entwickelt sich der Trieb nach Erkenntnis und selbständigem Wissen. Schon Nikolaus Cusanus sieht in dem eignen Wissen die massgebende Autorität. Sentire est scire, sagt Campanella. Jede Erkenntnis baut sich auf der Wahrnehmung auf, die Erfahrung ist die Grundlage der Wissenschaft, die Vermittlerin zwischen Natur und Mensch. Und wie die Natur auf notwendigen Gesetzen aufgebaut ist, so bedarf auch jede Wissenschaft zu ihrer Evidenz der Übereinstimmung mit mathematischer Notwendigkeit[1]). So entwickelt sich aus dem empirischen Sensualismus in Verbindung mit der aufstrebenden Naturwissenschaft eine intellektualistische Weltanschauung. Der Intellekt aber wird zur Grundlage der Ethik, da der Mensch nur das als Gut begehrt, was er als gut empfunden und erkannt hat[2]). Als das höchste Gut des Geistes wird seine Selbsterhaltung proklamiert[3]), das klarste Zeugnis für die individualistisch-subjektive Weltanschauung der Renaissance. „Der Mensch wird geistiges Individuum und erkennt sich als solches" (Burckhardt). Durch Selbstbeobachtung und Selbsterkenntnis wird der Mensch auch selbstbewusster.

---

1) L. da Vinci, Bd. II p. 288. 289.
2) Telesius, de rer. nat. IX.
3) ebenda.

In diesem Intellektualismus erkennen wir die Verwandtschaft der Renaissance mit dem griechischen Geiste. In beiden finden wir den natürlichen Trieb nach Erkenntnis, in beiden daher auch gemeinsame Elemente der philosophischen Spekulation. Wie die platonische Philosophie, besonders in der Gestalt des Neuplatonismus, von der Renaissance aufgenommen wird, so entnimmt sie auch der Stoa Bausteine für ihre philosophischen Systeme. Mit dieser verbindet sie die Lehre von der Allbeseelung der Natur und des daraus sich ergebenden Pantheismus, wie beiden auch die sensualistische Erkenntnistheorie und die Selbsterhaltung als Grundprinzip der Ethik gemeinsam ist[1]. Am klarsten ist diese intellektualistische Weltanschauung vielleicht in den Worten G. Brunos zusammengefasst: „Mens super omnia Deus est. Mens insita omnibus natura. Mens omnia pervadens ratio. Deus dictat et ordinat. Natura exequitur atque facit. Ratio contemplatur et discurrit . . . Influit Deus per naturam in rationem. Ratio attollitur per naturam in Deum."[2]

Kunst der enaissance. Das gesteigerte Sinnenleben der Renaissance führte, wie wir sahen, zu philosophischer Forschung; es erweckt aber auch das Interesse für die Form und gewinnt dadurch Verständnis für die antike Kunst. Man bewundert die alten Ruinen, die Tempel und Statuen und will das noch Erhaltene dem Untergange entreissen. Während bisher die kostbaren Werke zerschlagen und als Bausteine, oder gebrannt und als Mörtel benutzt wurden, fängt man jetzt an, das Übriggebliebene zu sammeln, zu schützen und nachzuahmen. Wie die Renaissance aus Vitruv die Theorie ihrer Architektur schöpft, wie sie in der Säulenordnung an das Kolosseum, in der Vorliebe für Kuppelbauten an das Pantheon sich anlehnt, wie sie die antiken Göttergestalten in christlichen Darstellungen

---

1) Vgl. Campanella de sens, rer. I 1, 5; Metaph. VIII 2, 2; Telesius, de rer. nat. IX p. 362/63; G. Bruno, de la causa etc. p. 57/58. Dazu Diog. Laert. VII 85, 139.
2) De triplici minimo, Bd. I 3 p. 136.

verwendet, so ahmt sie in der Poesie das griechische
Drama nach und schafft in der Musik die Oper, worin
das Rezitativ dem antiken Dialog, die Arie dem Chor-
liede entspricht. An die Stelle der christlichen Stoffe
tritt jetzt vielfach die antike Mythologie und Geschichte
in der bildenden Kunst, die kirchlichen Mysterien und
Moralitäten werden durch das moderne Drama ersetzt,
das zumeist seine Stoffe der griechischen Sage entnimmt,
der in Formen erstarrten Kirchenmusik wird die lebens-
frische Melodie entgegengestellt, die teils aus der Antike,
teils aus dem Volksliede befruchtet wird. Und wie in
der Wissenschaft, so verbindet sich auch in der Kunst
der Einfluss der Antike mit der Beobachtung der Natur.
Die Kunst erscheint als die Nachahmerin der Natur.
Wie die Natur die Dinge erzeugt, so erzeugen diese
die Kunst[1]). Sie vervielfältigt, verändert, trennt, ordnet
und setzt in sukzessiver Reihenfolge zusammen[2]).

Somit vollzieht sich auf dem gesamten Gebiete der
Renaissancekunst eine gleichartige Entwicklung. Zuerst
befangen in überlieferten Formen, befreit sie sich, so-
bald das Bedürfnis vorhanden ist, sich auszuleben, neuen
Gedanken und Gefühlen Ausdruck zu verleihen. Die
Kunst wird dann individuell. In dem Kunstwerk prägt
sich die subjektive Eigenart des Künstlers aus. Auf der
einen Seite an die Antike sich anlehnend, auf der andern
aus der Natur schöpfend, erfüllt sich die Kunst mit neuen
Ideen. Die Natur, verklärt durch die Schönheitsharmonie
des Altertums, ist das Vorbild der Kunst und bleibt es,
bis die Technik überwiegend wird und die Form den
Inhalt erdrückt.

In diesem Interesse für die schöne Form erkennen
wir das zweite Element des griechischen Geistes. Wie
die Renaissance in ihrer Neigung zum Sensualismus dem
Hellenentum wesensverwandt ist, so schöpft sie aus ihm
auch die Lebenskraft ihrer Philosophie und Kunst. Wie

---

1) L. da Vinci I p. 326.
2) G. Bruno, de vinculis in genere, Bd. III p. 674.

ein „es werde Licht" strahlt der griechische Genius empor und zerstreut die Nebel des finsteren Mittelalters, wie der C-dur-Akkord in der „Schöpfung" das düstere Gewirr des Chaos.

Einfluss des röm. Geistes.
Aber neben dem Hellenentum ist auch der römische Geist wirksam in der Renaissance. Wir sahen bereits,
Dante.
wie Dante die Herrschaft des römischen Volkes als eine rechtmässige nachzuweisen suchte. Wir sahen auch,
· Petrarca.
wie Petrarca durch die Schriften Ciceros auf das Studium des Altertums hingelenkt wurde. Die Grösse des
Cola Rienzi.
alten Rom ist es auch gewesen, die Cola Rienzi von neuer Freiheit, neuem Glanz und Ruhm träumen liess und die in ihm den Gedanken aufkeimen liess, der Befreier Roms zu werden. Der Ruhm eines Brutus reizt ihn zur Nacheiferung. Wie Petrarca die Dichterkrönung auf dem Kapitol erstrebt, so lässt der Volkstribun seine Stirn mit dem tribunizischen Kranze schmücken. Wenn auch Petrarca wie Cola Rienzi in ihren phantastischen Träumereien blind sind für die Bedingungen des praktischen Lebens, wenn auch der Befreier Roms kläglich Fiasko macht, so sind doch ihre Ideen lebendig geworden und wirken weiter.

Salutato.
Auch Salutato (gest. 1406), den unheilvollen politischen Einfluss der Kirche erkennend, will lieber um die Freiheit kämpfen als den Frieden mit Knechtschaft erkaufen. Er vertraut auf das mächtige Florenz, mächtig genug, um den Kampf gegen Papst und Kirche aufzunehmen.

Machiavelli.
Vor allen fordert Machiavelli, der praktische Politiker, der weit entfernt ist von der Schwärmerei Petrarcas, unermüdlich zur Nachahmung des Altertums auf. Es erscheint ihm merkwürdig, dass in einer Zeit, welche die Kunst des Altertums hochschätzt und nachbildet, die Taten der Alten so wenig Nachahmung finden. Er tadelt es, dass man die alten Staatseinrichtungen so wenig zu Rate ziehe, während man doch in jeder Beziehung auf den Schultern der Antike stehe. Diesen Umstand schreibt er dem Mangel an geschicht-

licher Kenntnis zu, und um die Menschen in den Geist des Altertums einzuführen und zur Nacheiferung anzuspornen, will er die erste Dekade des Livius dem allgemeinen Verständnis nahe bringen. Denn inmitten der politischen Kämpfe der Gegenwart erscheint es ihm von der grössten Wichtigkeit, zu wissen, wie die alten Römer ihre Freiheit erreicht und bewahrt haben, wie sie zur Grösse und Herrschaft gelangt sind. Trotz dieser Begeisterung für das römische Volk ist er doch nicht so töricht, die Einrichtungen desselben unmittelbar auf die Gegenwart übertragen zu wollen. Wie die Zeit den Menschen verändert, so verändert sie auch die Staaten; deshalb muss die Staatsverfassung dem natürlichen Wandel der Zeit folgen, so wie auch der Mensch seine Handlungen den Forderungen der Zeit anpassen muss[1]).

Auch G. Bruno ist ein begeisterter Verehrer des alten Römertums. „Die Götter", sagt er, „haben das römische Volk vor allem anderen erhöht, da dieses durch seine gewaltigen Taten mehr als die anderen Nationen sich den Göttern zu nähern und ähnlich zu machen verstand, indem es den Unterworfenen verzieh, die Übermütigen niederwarf, Beleidigungen vergass, Wohltaten aber nicht vergass, den in Not befindlichen zu Hilfe kam, Unterdrückte aufrichtete, Gewalttätige in Schranken hielt, das Verdienst erhöhte und das Verbrechen züchtigte, letzteres mit Ruten und Beilen schreckend oder vernichtend, ersterem aber durch Errichtung von Statuen und Triumphbogen Ehre und Ruhm verschaffend. So hat sich denn auch gerade dies Volk massvoller und reiner von den Lastern der Unmenschlichkeit und besser angelegt für edle und grossartige Unternehmungen erwiesen als irgend ein anderes; und weil sein Recht und seine Religion so vortrefflich war, mussten auch seine Sitten und Gebräuche, seine Ehre und seine Wohlfahrt einen so hohen Grad erreichen."[2])

---

1) Discorsi, Einleitung.
2) Spaccio II 1 (Kuhlenbeck).

Dieser Enthusiasmus, der jeglichen historischen Blickes entbehrt, erscheint uns zwar befremdlich, begreift sich aber, wenn wir sehen, wie diese Menschen, geblendet von dem Glanze der Freiheit und Macht, der ihnen aus dem Römertum entgegenstrahlt, mit aller Leidenschaft, der sie fähig sind, sich dem verwandten Genius an die Brust werfen, und wie diese reine Freude sie blind machen muss für die Schattenseiten des römischen Volkes. Der Geist des Römertums hätte nicht solche Macht über die Menschen der Renaissance gewonnen, wenn sie nicht auch selbst Römerblut in ihren Adern rollen fühlten. Ein Streben nach Freiheit, Macht und Grösse tritt ihnen aus dem Römertum entgegen: Freiheit, Macht und Grösse suchen auch sie in ihrem Kampfe um die Wahrheit, um die Selbstentfaltung und Selbstbestimmung.

Fassen wir diese Entwicklung zusammen, so erkennen wir in der geistigen Kultur der Renaissance, wie sie sich uns in der Entfaltung des Individuums dargeboten hat, eine Synthese des griechischen und des römischen Geistes. Indem beide Elemente, der Intellektualismus des Hellenentums und das Herrschaftsstreben des Römers sich in dem Menschen der Renaissance vereinigen und seine gesamte Lebens- und Weltanschauung bestimmen, vollzieht sich die Entwicklung der grossen Persönlichkeit, die uns im folgenden beschäftigen wird.

Zweiter Teil.

Der grosse Mensch in der Literatur der Renaissance.

Die Kraft will ich verkünden,
Die dem Menschen wahren Seelenadel gibt.

Mit diesen Worten[1]) kennzeichnet Dante seine Auffassung des grossen Menschen. In dem Adel (gentilezza, altezza) sieht er die Vollkommenheit eines Wesens, den Inbegriff aller menschlichen Tugenden. Es ist die μεγαλοψυχία des Aristoteles, die „Magnanimita, laquale è la moderatrice e acquistatrice de grandi onori e fama". Diesen Seelenadel können weder Reichtum noch hohe Ahnen verleihen, sondern nur eine vollkommene Seele, die fähig ist, von Gott die Gabe der vollkomensten Tugend zu erlangen. Aus dem Adel als der natürlichen Vollkommenheit des Menschen geht jegliche Tugend hervor. Wie am Himmel die Sterne, so leuchten in der menschlichen Seelengrösse die von der Natur hineingelegten guten Neigungen und körper- lichen Vorzüge. Die Menschen, denen dieser Seelenadel eigen ist, sind den Göttern gleich, ohne Fehler und Laster. Indem die Magnanimita von Gott dem voll- kommenen Menschen verliehen wird, ist sie der von Gott gesandte Same des Heils. Dieser Same aber ist der Trieb der reinen Seele nach Glückseligkeit, welche einerseits in der Betätigung der Tugend, andererseits in der Betrachtung der Werke Gottes und der Natur besteht. Eine solche Seele zeigt in der Jugend Kraft und Mässi- gung, ist von Ruhmesliebe erfüllt und hat Freude an dem Streben nach edlen Taten. Im Mannesalter ist sie gerecht, freigebig und weise und unterhält sich gern von den Taten grosser Männer. Im Greisenalter endlich

---

1) Convito IV.

segnet sie ihren Lebenslauf und ist bereit, zu Gott zurückzukehren[1]).

Solange die grosse Seele die göttliche Wahrheit entbehrt, bleibt sie unbefriedigt und ruhelos. Indem aus jeder Wahrheit wieder ein Zweifel entspringt, wird die Seele von Stufe zu Stufe durch ihre Natur hinaufgeleitet, bis sie endlich den Gipfel der ewigen Wahrheit erreicht. Dann ruht sie in der Wahrheit, wie das Wild in der Höhle[2]). Durch Recht und Wahrheit aber wird sie gefasst und ruhig im Glück wie im Unglück[3]).

Bereits bei Dante tritt auch ein Motiv auf, das uns schon im Altertum begegnete, das dann durch das Christentum unterdückt wurde, jetzt aber unter dem Einfluss der Antike wiederkehrt und alsbald mit so gewaltiger Kraft sich geltend macht, dass es zu einem der mächtigsten Motive wird, welche den Renaissancemenschen zur Grösse führen — ich meine die Ruhmbegierde.

Zwar weist Dante auch auf die Vergänglichkeit des Ruhmes hin; wie ein Windeshauch erscheint der Ruf der Welt, der bald von hier weht, bald von dort. Denn auch der Ruhm, den der Mensch in einem langen Leben erwirbt, ist nichts in dem unendlichen Raum der Ewigkeit. Der Farbe des Grases gleich ist er, die von der Sonne erzeugt und vernichtet wird[4]).

Allein er selbst gesteht, dass er nach dem Lorbeerkranz des Dichters strebt, und bittet den Apoll, ihm für das letzte Lied Kraft zu verleihen, dass er jener Ehre würdig werde. Das Streben nach dem Ruhmeskranze, sagt er, ist ja ohnehin bei Herrschern und Dichtern so selten geworden, dass wohl der Delphische Gott erfreut sein muss, wenn ein Mensch Verlangen nach dem Lorbeer trägt.

---

1) Convito IV.
2) Paradiso IV 124—138.
3) Convito IV.
4) Purgatorio XI.

In der Ansicht, dass der wahre Seelenadel nicht Petrarca. durch Geburt verliehen wird, sondern durch eigne Tat erworben werden muss[1]), stimmt Petrarca mit Dante überein. Die höchste Befriedigung der grossen Seele aber findet er in der Vertiefung in sich selbst, fern von der grossen Masse mit ihrer Erbärmlichkeit und Niedrigkeit, jener „Fabrikware der Natur". In einsamer Zurückgezogenheit versenkt der Weise sich in die alten Schriftsteller; durch die Natur dahinwandelnd, geht er seinen grossen Gedanken nach und wird so, indem er sein Leben den eignen, tiefsten Interessen widmet, jene innere Harmonie und Zufriedenheit erlangen, welche ihn erhebt über den gemeinen Menschen und das Elend des Daseins. So wird der grosse Mensch alles, was ihn nicht berührt, verachten und nur der Wissenschaft und Tugend nachstreben. In diesem Streben, in Taten also und nicht in leeren Worten, wird er Befriedigung, wird er Ruhe und Glück erlangen[2]).

Aber dieses Zurückziehen in die Einsamkeit entspringt einer leidenschaftlichen Ruhmbegierde[3]). Bei Petrarca tritt die mittelalterliche Anschauung des Christentums, welche die Ruhmsucht verwirft, und die moderne der Renaissance, welche sie bejaht, in einen heftigen Kampf. Diesen Kampf hat er selbst in seiner Schrift „de contemptu mundi" geschildert, wo Augustinus die christliche Anschauung vertritt. Dieser erkennt in dem Ruhm nur das unbeständige, wertlose Gerücht. Bei der Kürze des Lebens ist das Streben nach Ruhm eitel und nichtig, der Ruhm selbst vergänglich und wenig erstrebenswert, da ja die Erde nur teilweise bewohnt ist und der Menschheit überhaupt nur eine beschränkte Dauer zugemessen ist. Dann verschwindet der Ruhm in nichts. Freilich gibt es auch einen wahren Ruhm, den Schatten der Tugend. Die Tugend also soll man

---

1) de rem. I 16.
2) de vita solitaria, de rem. I 16. II 5, 102.
3) de contemptu mundi II p. 389.

erstreben als das höchste und einzige Ziel des Menschen-
lebens.

Dem gegenüber vertritt Petrarca die Rechte des
Diesseits. Solange man der irdischen Welt angehört,
ist es auch natürlich, wenn man irdische Interessen verfolgt, nach irdischem Ruhm sich sehnt. Deshalb genügt
ihm auch der beschränkte Ruhm, der durch die Vergänglichkeit des Menschengeschlechtes bedingt ist [1]).

Obwohl Petrarca das Ergebnis des Gespräches
äusserlich unentschieden lässt, fühlt der Leser doch, auf
wessen Seite er das Übergewicht legt. Es ist kein
Zweifel, dass hier der moderne Mensch mit seiner Sehnsucht nach Lebensgenuss und Lebensglück sich lossagt
von dem weltfremden Mittelalter, dass er den Ruhm
unter den Menschen sucht und eine irdische Unsterblichkeit an die Stelle der himmlischen setzt. Erkennt er doch
in der Ruhmbegierde den gewaltigsten und mächtigsten
Antrieb zu grossen Taten [2]). Auf die Taten also soll
der grosse Mensch seinen Geist lenken, in ihnen ist
Ruhe, Tugend und Glück [3]). Diese echte Seelengrösse
soll auch dem Fürsten eigen sein: er sei klein im Glück
und gross im Unglück, bescheiden gegen den Freund,
heldenhaft gegen den Feind [4]).

Machiavelli. Während Petrarca in dem grossen Menschen wesentlich die Erhabenheit des Philosophen schildert, der abseits
von der Welt durch die Vertiefung in das eigne Selbst
sich zu intensiver Grösse hindurchringt, so führt den
Politiker Machiavelli seine eigne Natur auf die mehr
extensive Grösse des Staatsmannes. Nur denen gesteht
er wahre Grösse zu, welche in Wirklichkeit gross-
mütig und hochherzig sind, und nicht denen, die es nur
sein könnten. Deshalb sind auch nur die des Ruhmes
würdig, welche wirklich ein Reich zu regieren verstehen,
und nicht die, welche ohne Fähigkeit zum Regieren ein

---

1) de contemptu mundi II p. 389.
2) Epist. rer. senil. V 6.
3) de rem. II 102.
4) de rep. opt. admin. p. 431.

Zepter führen[1]). Auch in dem Verbrechen erkennt er
das Grosse an und tadelt die Menschen, dass sie nicht
verstehen, darauf einzugehen[2]). Ehrgeiz und Ruhmbegierde sind etwas allgemein Menschliches: wer sich
durch Tugend nicht auszeichnen kann, der versucht es
auf dem Wege des Verbrechens. Alle Handlungen, die
etwas Grosses an sich haben, sind des Ruhmes wert, wie
sie auch ausgeführt werden, und welchen Zweck sie
haben mögen[3]). Deshalb ist ihm das Ideal eines grossen
Mannes der grösste Verbrecher seiner Zeit: Cesare
Borgia. Das leidenschaftliche Selbstbewusstsein, der
Stolz, der niemals über gegenwärtigen Wohltaten ver-
gangene Beleidigungen vergisst, erscheint ihm als das
Kennzeichen eines grossen Geistes. Dem Schicksal
schreibt er einen wesentlichen Einfluss auf grosse Taten
zu; denn die grossen Männer sind meist durch einen
Glücksumstand gross geworden, der, vom Himmel
gesandt, ihnen die Gelegenheit zu Heldentaten gab.
Denn zu hohen Dingen wählt das Schicksal einen
Mann, der mutig genug ist, die gebotene Gelegenheit zu
benutzen, und mit scharfem Blick seinen Vorteil zu
erspähen weiss[4]).

Wenn aber die grossen Männer in ihren äusseren
Lebensumständen auch den Launen des Schicksals unterworfen sind, von ihm gehoben und gestürzt werden
können, so zeigen sie doch andrerseits ihre Grösse darin,
dass sie in allen Lebenslagen ihre erhabene Ruhe be-
wahren und eine unerschütterliche Gesinnung, die sie
über alle Wechselfälle des Lebens erhebt[5]).

Das Bild eines grossen Staatsmannes schildert
Machiavell alsdann in seinem „Principe“. Grosse Unternehmungen und glänzende Handlungen sind es, die in
hohem Masse dem Fürsten Achtung verschaffen. Auch

---

1) Discorsi, Einleitung.
2) Discorsi I 27.
3) Histor. Flor., Einleitung.
4) Discorsi II 29.
5) Discorsi III 31.

in der inneren Verwaltung kann er sich Ruhm erwerben, indem er hervorragende Verdienste belohnt und Verbrechen bestraft, so dass beide Handlungen auffallen und besprochen werden. Vor allem aber soll der Fürst in jeder Handlung das Grosse und Hervorragende im Auge haben. Auch bringt es Ruhm, wenn er sich bei Streitigkeiten nie schwankend zeigt, sondern stets entschieden Partei ergreift. Andre grosse Männer aber soll der Fürst auch seinerseits ehren und schätzen und soll die Bürger zu emsiger Tätigkeit anhalten. Endlich darf auch eine gewisse Grossartigkeit des eignen Auftretens nicht fehlen: in Veranstaltung von Festen und Schauspielen und in der Teilnahme an Zusammenkünften der Bürger. In allen Lebenslagen aber muss er seine Würde wahren; auf ihr beruht sein Ansehen, sie darf nie verletzt, nie vernachlässigt werden.

Leonardo da Vinci. Leonardo da Vinci spricht von der Magnanimita in einem Gleichnis: Der Falke gleicht dem grossen Menschen; er raubt nur grosse Vögel, und er würde eher sterben, als sich von kleinen Tieren nähren oder stinkendes Fleisch fressen[1]. Der grosse Mensch verachtet äussere Güter; denn der Reichtum, den man verlieren kann, ist wertlos. Die Tugend aber können wir nicht verlieren; sie verlässt uns erst, wenn wir das Leben lassen: sie ist also das höchste Gut. Grösse erlangt auch nicht der Schläfer, der sein Leben verträumt. Was ist denn der Traum? Er ist dem Tode ähnlich. Schaffe solche Werke, dass die Vollkommenheit deines Lebens den Tod überdauert, während ein verträumtes Leben dem traurigen Tode gleicht[2].

Telesius. Telesius sieht die Erhabenheit des menschlichen Geistes in dem Streben, das, über das Verlangen nach Erhaltung seiner natürlichen Beschaffenheit hinausgehend, den Menschen wahrhaft himmlisch und göttlich macht. Ein solcher Geist strebt nicht nach den Ehren des Reichtums,

---

1) Bd. II Fabeln.
2) Werke Bd. II p. 292.

der Macht; des Glückes, sondern nach denen, welche er vermöge seiner Seelengrösse erwirbt. Er sucht auch die Ehre nicht um ihrer selbst willen, sondern nur die Güter, die um ihres inneren Wertes willen wahre Ehre bringen. Deshalb leitet die Erhabenheit die Seele nicht in einer einzelnen Richtung, sondern, da sie der Inbegriff und die Krone der Tugenden ist, verleiht sie dem grossen Menschen die Vollkommenheit einer universalen Geistesbildung. Die erhabene Seele ist unerschüttert im Unglück, ohne Zorn gegen Beleidigungen. Wie sie die Glückseligkeit in der eigenen Reinheit und Vollkommenheit findet, so kann sie sich auch nicht beleidigt fühlen durch Worte oder Taten solcher Menschen, die tief unter ihr stehen und nicht wert sind, dass sie ihre Kraft an solche Kreaturen verschwendet.

So wird der grosse Mensch stets vollkommene, göttliche Handlungen hervorbringen, weil eine göttliche Natur in ihm wohnt. Dafür aber wird ihm die Bewunderung aller zuteil und die Ehre, welche der beste Lohn grosser Taten ist[1]).

Filippo Mocenigo knüpft die Magnanimita an die höchste Tugend, die Liebe, an. Von einer heftigen Liebe, einem gewaltigen Streben durchdrungen, treibt die Seelengrösse den Menschen zu grossen Taten und gibt ihm die Gewissheit, dass er des Grossen würdig sei, soweit es die menschliche Schwäche zulässt. Das Geringe verachtet er nicht gänzlich, sondern sucht es zur Grösse zu führen; das Grosse aber, dass ihn selbst beschäftigt, will er noch grösser und herrlicher machen. Dann wird der Geist wahrhaft gross, solange er, von diesem Streben erfüllt, der Tugend folgt. Andrerseits muss alles Unvollkommene, das klein und nichtig ist im Verhältnis zu den herrlichen Handlungen der Tugend, dem erhabenen Geiste fremd sein. Er verachtet Macht und Reichtum, ja auch die Ehre, das höchste der äusseren Güter, solange sie nicht aus der Tugend entspringt. Nur so weit

Filippo Mocenigo.

---

1) de nat. rer. IX 22.

gibt er sich damit ab, als seine Grösse sich gerade in der Verachtung der Ehre und dem Ertragen von Beleidigungen zeigt. Er scheut sich vor keiner Gefahr; nie verliert er das Vertrauen auf sich selbst. Ob er Unglück ertragen, ob er den Tod erleiden muss, nichts kann ihn erschüttern.

So vereinigt die Magnanimitas alle Tugenden in sich und bildet ihren schönsten Schmuck. Führen sie doch alle zu demselben Ziele, wenn auch nicht auf gleiche Weise. Die höchste Tugend führt aus der Macht der Frömmigkeit zur Anbetung Gottes, aus dem Streben nach Weisheit zu philosophischer Betrachtung, aus der Menschenliebe zur Humanität. Dieses erstrebt die Magnanimitas, indem sie die Handlungen der Tugenden, durch welche all dies erworben wird, mit der höchsten Liebe begleitet[1]).

G. Bruno. Wir gelangen nun zu G. Bruno, der sich am intensivsten mit dem Problem des grossen Menschen beschäftigt hat. Ihm hat er die Schrift „Eroici furori" gewidmet.

Der erhabene Mensch strebt, seinem inneren Triebe folgend, von göttlicher Liebe begeistert, der göttlichen Schönheit nach, die zwar in den Sinnendingen schon hindurchleuchtet, die aber in voller Reinheit erst in der Sphäre der Ideen strahlt. Hier enthüllt sich dem Strebenden die Wahrheit, welche von nun an die Speise seiner Seele bilden soll.

Doch beschwerlich ist der Weg zu diesem Ziel. In die Einsamkeit flieht der grosse Mensch, um den Lastern und dem schalen Treiben des gemeinen Menschen zu entgehen. Seine Gedanken sind weit entfernt von dem Urteil der Menge; denn er liebt die Wahrheit, jene den Schein. Ihn kümmert es nicht, was die Menge von ihm denkt. Je weniger er mit ihr gemein hat, desto ähnlicher wird er den Göttern sein[2]).

---

1) Contemplatio V, Pars I 13.
2) lat. Schr. III p. 382.

Ist der grosse Mensch aber von äusseren Feinden frei, so beginnt der Kampf in seinem Innern. Zwei Seelen wohnen in seiner Brust. Die eine, von göttlichen Ideen angezogen, strebt nach oben, nach der Sphäre des Lichts, die andre, in die Sinnlichkeit versunken, zieht den Geist mit bleierner Schwere hinab in die Kreise der Sinnenwelt, der sie schon zu entfliehen glaubte. Es dringen Zweifel auf ihn ein, Misserfolge in seinem Streben entmutigen ihn, Rückfälle in die Sinnlichkeit hemmen seinen Fortschritt, widerstreitende Gefühle peinigen ihn, Wille und Erkenntnis treten in Widerspruch. So ringen die beiden Seelen miteinander, und nicht eher zieht Ruhe in das Herz, als bis sich eine schöne Harmonie zwischen Vernunft und Sinnlichkeit entfaltet hat, so, dass die Sinnlichkeit nicht völlig unterdrückt ist, aber doch der Vernunft die Herrschaft bleibt. Keine unwürdige Beschäftigung kann nun den grossen Menschen mehr fesseln; einem unwürdigen Leben würde er lieber einen ehrenvollen Tod vorziehen.

Hat der Held sich zur Wahrheit durchgerungen, hat er das Licht der göttlichen Schönheit erblickt, dann wird sein Gemüt von Ruhe und Harmonie erfüllt. In dem Schauen der ewigen Wahrheit, in dem Betrachten der Natur, welche das Eine, das Seiende, das Göttliche ist, findet er seine Befriedigung[1]).

Während hier der grosse Mensch in seiner inneren Entwicklung von psychologischem Gesichtspunkte aus dargestellt wird und seine höchste Vollendung in dem Schauen der ewigen Wahrheit und Schönheit gefunden wird, schildert ihn G. Bruno in dem „Spaccio della bestia trionfante" in seinem Verhältnis zur menschlichen Gesellschaft. Der grosse Mensch sucht zunächst, um dem Staate dienen zn können, seinen eignen Geist zu vervollkommnen. Dieser Aufgabe widmet er sich in rastloser Tätigkeit (Diligenca, Sollecitudine). Eine starke

---

1) Eroici Furori; vgl. de immenso c. I (Bd. I der lat. Schr. p. 205).

geistige Kraft erfüllt ihn, welche durch mancherlei Widerwärtigkeit und Feindschaft ihn zu dem erstrebten Ziele führt. Die Güter und die Vergnügungen des Alltagsmenschen reizen ihn nicht, er verachtet den Reichtum[1] und liebt nur die Güter, die er sich durch eigne Arbeit erringt. Die Arbeit ist ihm Selbstzweck und Genuss; Schmerz und Mühe erträgt er, ohne sie als solche zu empfinden. Er hält es zwar für schimpflich, bei seinen Unternehmungen um die eigne Sicherheit besorgt zu sein, aber er kennt auch das Mass seiner Kraft und bewahrt sich durch diese Einsicht vor undurchführbaren Dingen. Bis zum Tode ist er bestrebt, so Grosses zu schaffen, dass seine Werke ihm unvergänglichen Ruhm sichern.

Aber die Magnanimita, welche die höchsten Tugenden in sich vereinigt[2]), äussert sich nicht allein in dem Streben nach eigner Vollkommenheit, sondern sie ist auch bemüht, den Mitmenschen zu vervollkommnen und zu einem tüchtigen Staatsbürger zu erziehen. Dem Adler gleichend, ist der grosse Mensch von jenem heroischen Edelmut erfüllt, der den Unterworfenen verzeiht, sich der Schwachen erbarmt, die Frechheit zähmt, die Anmassung zurückweist und den Stolz bezwingt. Er sorgt für das Vaterland und für die Familie. Er duldet keine Tyrannenherrschaft und schreckt vor Tyrannenmord nicht zurück, wenn er seinem Vaterlande die Freiheit erkämpfen kann. Und wenn er so in dem Streben nach der eignen und des Nächsten Vollkommenheit sein Leben dem Vaterlande gewidmet hat, dann wird ihm Ehre und Unsterblichkeit zuteil. Dann gelangt er in das Land, wo beständiges Licht ist, wo es weder Schatten noch Kälte gibt, wo immerwährender Frühling und ewige Morgenröte ist.

Welches ist nun der Antrieb zu solchem Streben,

---

1) Vgl. lat. Schr. Bd. I p. 209.
2) il Furor divino, il Rapto, l'Entusiasmo, il Vaticinio, il Studio et Ingegno; la figurata Speculatione, Contemplatione, Studio, Attentione, Aspiratione, Appulso ad ottimo fine.

der Ansporn zu heldenhaften Taten? Es ist die Ruhmbegierde, l'appetito della gloria. Diese soll deshalb auch
vom Staate entzündet und genährt werden. Denn sie
ist der einzige und wirksamste Ansporn für den Menschen
zu schaffensfreudiger Tätigkeit; 'sie ist es, die zu jenen
Heldentaten begeistert, durch welche die Staaten gegründet
und mächtig werden. Deshalb sind auch solche Religionen und Gesetze die besten, durch welche die Hoch-
'herzigkeit und das Streben nach Ruhm genährt werden,
nach dem Ruhme, der dem Dienst für das Vaterland
und für das Wohl der Menschheit nachfolgt. Sind Ehre
und Ruhm auch nicht selbst Tugenden, so sind sie doch
das Ziel derselben [1]).

Freilich gibt es auch einen falschen Ruhm; es ist
der Ruhm des Unwürdigen, der von Unwürdigen gefeiert
wird. Dann ist der Ruhm eitel, denn er ist hohler Schein.
Etwas anderes ist der Ruhm, den grosse Dichter verleihen. Durch Homer lebt Achill, durch Vergil Aeneas,
durch Horaz Mäcenas, durch Cicero Atticus.

Wenn aber auch der Ruhm durch die Dichter fort-
gepflanzt wird, so muss man doch fragen, ob nicht
schliesslich die Zahl der gefeierten grossen Menschen
so gewaltig anschwellen wird, dass nur wenige Namen
in dem ungeheuren Zeitraum der Geschichte sich erhalten und fortleben.

Vergleichen wir diese Darstellungen des grossen
Menschen mit denen des Altertums, so ist der Einfluss
der Antike klar zu erkennen. Aus Aristoteles stammt
die Auffassung der Magnanimita als der höchsten Vollkommenheit des Menschen, die alle Tugenden in sich
fasst und daher als die Krone derselben erscheint ($\kappa \acute{o} \sigma \mu o \varsigma$
— ornamentum, apex). In dem Zurückziehen auf die
eigene Individualität, der Verachtung äusserer Güter,
der Festigkeit in Glück und Unglück sehen wir den
Einfluss der Stoa. Am stärksten aber hat Seneca auf
die Renaissance gewirkt. Wie dieser, so erkennt auch

Vergleichung mit der Antike.

---

1) Spaccio della bestia trionf.

die Renaissance den wahren Seelenadel in der eigenen
Tat. Wie in den „Eroici furori" bildet auch bei Seneca
das Streben nach der himmlischen Schönheit und Wahrheit den Lebensinhalt des grossen Menschen. Aus ihm
lernte die Renaissance die Gedanken der Stoa kennen.

Interessant ist das Schwanken der Renaissance in
der Auffassung der Ruhmesliebe. Aristoteles, Cicero
und Vergil bejahen sie, die Stoa und Seneca verwerfen
sie, wollen sie wenigstens nicht um ihrer selbst willen
erstrebt wissen. In dieser Anschauung stimmen sie mit
dem Christentum überein; deshalb finden wir bei Augustinus in Petrarcas Dialog die Gedanken Senecas wieder.
Auch Giordano Bruno hat sich zum Teil an Seneca an-
geschlossen, wie er ihn direkt zitiert und ihm die Stelle
entnimmt: Profunda supra nos altitudo temporis veniet,
pauca ingenia caput exserent et in idem quandoque silen-
tium abitura oblivione resistent ac se diu vindicabunt[1])
(Ep. 21). Und wenn Dante den Ruhm mit dem Windeshauch vergleicht, so erinnert auch dies an ein Wort
Senecas: gloria vanum quiddam est auraque mobilius[2]),
ebenso wie die Bezeichnung des Ruhmes als Schatten
der Tugend aus Seneca stammt[3]). In der positiven Auffassung dagegen, welche die Renaissance vor allem mit
dem Römertum der republikanischen Zeit teilt, erkennen
wir die Empfindung des modernen Menschen. Im Allgemeinen zeigt der grosse Mensch, wie er uns in der
Literatur der Renaissance entgegentritt, nach der politisch-
nationalen Seite eine unverkennbare Verwandtschaft mit
dem römischen Geiste, während er in seinem künstlerisch-
philosophischen Wesen dem Hellenentum sich nähert. Ob
aber mit diesen Beziehungen seine Totalität erschöpft
ist, wird die folgende Untersuchung lehren.

---

1) Vgl. Eroici furori p. 698 ed. Lagarde.
2) Seneca ep. 123.   3) ep. 79.

Dritter Teil.

Das Wesen des grossen Menschen in der Renaissance.

Es wird nun unsere Aufgabe sein, das Wesen des grossen Menschen der Renaissance in seiner Gesamtheit zu untersuchen. Und zwar müssen wir zunächst die Frage beantworten, was den Renaissancemenschen zur Grösse trieb.

Wir haben gesehen, wie durch die politische und wirtschaftliche Entwicklung Italiens eine grössere Anspannung der individuellen Kraft, ein Wettstreit der persönlichen Leistung hervorgerufen wurde. Diese Erhöhung der Tätigkeit geht also zunächst aus der Notwendigkeit hervor, aus dem Triebe der Selbsterhaltung, welcher den Menschen zum Kampf ums Dasein zwingt. Der Kampf aber wird um so schwerer, je grösser die Anforderungen an die Leistungsfähigkeit des einzelnen werden, je stärker die Konkurrenz sich geltend macht. Das Bestreben, in diesem Wettstreit zu siegen, treibt den Menschen stetig vorwärts; die Ehre und der Ruhm des Sieges ist ihm ein Ansporn zu Grösserem. So wird durch den wirtschaftlichen Kampf der Ehrgeiz entfacht.

Als dann teils infolge der Kirchenversammlungen in Ferrara und Florenz, teils infolge der Zerstörung von Konstantinopel griechische Gelehrte nach Italien kamen und in der platonischen Akademie in Florenz einen glänzenden Wirkungskreis erhielten, da verbreitete und vertiefte sich die Kenntnis des Altertums, das bereits in Dante, Petrarca und Boccaccio seine Bewunderer gefunden hatte. Begeistert von der Grösse der Antike, wird der Mensch zur Nachahmung angespornt. Alsbald äussert sich der Einfluss der Antike auf allen Gebieten menschlicher Tätigkeit. Ein Enthusiasmus wird entfacht, der

Antrieb zur Grösse.

unter Vernachlässigung jeglicher historischen Objektivität nur das Grosse, das Schöne, das Gute in dem Altertume sieht. In seinem Denken und Handeln der Antike gleich zu werden, ist des Renaissancemenschen heissester Wunsch. Der Ruhm und die Grösse derselben reizt ihn zur Nacheiferung. So wird die Grösse des Altertums ihm ein Antrieb zur eignen Grösse.

Den gleichen Antrieb findet der Mensch der Renaissance endlich auch in der eignen Brust, in seinem innersten Wesen. Weil er in dem Diesseits den Schwerpunkt seines Lebens sieht, weil er nicht auf ein Jenseits als die Erfüllung seiner Wünsche und Hoffnungen wartet, deshalb fühlt er das Bedürfnis, diesem Leben, so kurz es auch ist, einen Inhalt zu geben, es voll auszuleben. Und nach diesem Leben, diesem Schaffen und Geniessen ein Nichts? Nein, dieser Gedanke ist unerträglich. Geht der Körper zugrunde, so soll doch der Geist fortleben, soll fortleben in den eigenen Werken. Daher empfindet der Mensch das natürliche Verlangen, durch eigne Tat, durch eignes Schaffen seinen Namen unsterblich zu machen. So wird der Ruhm auch für den Menschen der Renaissance der mächtigste Antrieb zu grossen Taten. Der gute Mensch wie der Verbrecher stimmen in diesem Streben überein, soweit sie in ihren Handlungen Ruhm und Grösse suchen. Die Ruhmbegierde leitet den Staatsmann und Helden, der seinem Vaterlande und sich selbst Macht und Grösse erkämpft; sie treibt den Philosophen, der durch die Arbeit seines Denkens seinen Namen unsterblich machen will, und sie begeistert den Künstler, der durch sein Kunstwerk den Ruhmeskranz der Schönheit zu erringen trachtet.

So ergibt sich dem Renaissancemenschen aus dreifacher Wurzel: der wirtschaftlich-politischen Entwicklung, dem Einfluss der Antike und der eignen Lebensanschauung der gleiche Antrieb zur Grösse in dem Motiv der Ruhmbegierde.

Worin besteht nun die Grösse des Renaissancemenschen?

Gross ist zunächst der Kampf, den der Mensch der Renaissance für seine Befreiung führt. Es ist der Kampf der freien, männlichen Kraft gegen weibisches Sklaventum, der Kampf der Natur gegen die Unnatur, der Kampf der Wahrheit gegen die Lüge, der Kampf des Individuums gegen die Masse, der Kampf der Herrenmoral gegen die Herdenmoral. Ein unbändiger Freiheitsdrang beseelt diese Menschen. Er zersplittert Staaten, Städte und Parteien; er führt zu leidenschaftlichen Kämpfen und blutigem Hass. Aber dieser Freiheitskrieg hat zugleich eine reinigende Kraft. Er weist zurück das Fremde, das sich in das eigne Volkstum eingedrängt hat[1]. Dass dies in der Tat die Empfindung der Renaissance ist, haben wir bei G. Bruno gesehen, wenn wir ihn als Vertreter seiner Zeit auffassen dürfen. Auch Dante will nicht geistliche Herrschaft, sondern die eines Kaisers. Und am wenigsten ist bei Machiavell eine Neigung für kirchliches Regiment zu spüren. Gross ist dieser Kampf, und gross sind die Menschen, die ihn führen.

Der natürliche Seelenadel des grossen Menschen, das stolze Selbstbewusstsein seines eignen Wertes macht ihn erhaben über den engen Anschauungskreis des Herdenmenschen, gleichgültig gegen das Urteil der Menge, erfüllt ihn mit Widerwillen gegen das schale Treiben des grossen Haufens. Auf Adlerschwingen strebt er aufwärts, zerteilt die Nebel des Irrtums und schwingt sich zum Olymp empor, dem erhabenen Sitze der Götter[2]. So flieht der edle Mensch die Gesellschaft der Welt wie ihre Neigungen, ihren Glauben und Aberglauben. Scheint es ihm doch, als entrönne er einem Gefängnis, wenn er die Fesseln der Pöbelweisheit abstreift[3]. Was ihr als Gut erscheint, ist ihm gleichgültig.

Wesen der Grösse: Kampf um die Freiheit.

Seelenadel.

---

1) Vgl. L. Woltmann, Die Germanen und die Renaissance in Italien.
2) G. Bruno, de immenso I 1. 2.
3) G. Bruno, de immenso I 2 p. 206; vgl. Schopenhauer, Nachträge zur Lehre vom Leiden der Welt: „Der schönen Seele nun gar, wie auch dem Genie, mag bisweilen darin zu Mute sein,

Auf sich selbst, in sein eignes Innere zieht er sich zurück. Nur wenige genügen ihm zum Verkehr, solche,
die er besser machen kann, und die ihn besser machen
können. Er pflegt nur solche Beschäftigung, die seinen
Fähigkeiten angemessen ist. Die Natur hat die Menschen
mit verschiedenen Gaben ausgestattet; alles lebt und
nährt sich nach der ihm angemessenen Art. Nur wenigen
Seelen aber ist ein edles und hohes Streben verliehen;
sie haben dann nichts zu schaffen mit der stumpfen
Menge.

Einsamkeit. So ist der grosse Mensch einsam in seinem Fühlen,
seinem stillen Sehnen, seinem Schaffen. Nur selten
findet er Verständnis, nur selten ein mitfühlendes Herz.
Deshalb ist es ihm auch gleichgültig, ob man ihn liebt
oder hasst[1]).

Produktivität Dieser Seelenadel, der den grossen Menschen von
der Menge trennt, wird nicht durch hohe Geburt erworben, sondern durch eigne Tat. Der Adel, die Seelengrösse, welche den Menschen zu den Göttern erhebt,
macht ihn nicht nur erhaben über Glück und Unglück,
sondern treibt ihn auch zu unablässiger Tätigkeit. Sein
Schaffen hat eine doppelte Richtung: es bezieht sich
einerseits auf die eigne Vervollkommnung, andrerseits
auf das Verhältnis zur menschlichen Gesellschaft.

Jenes Streben nach eigner Vervollkommnung, nach
Entfaltung seiner Individualität, führt den grossen Menschen zu allseitiger schöpferischer Tätigkeit. Er wird
Universalität. dadurch zum uomo universale. Ein solcher ist Dante,
„welcher schon bei Lebzeiten von den einen Poet, von
den andern Philosoph, von dritten Theologe genannt
wurde, der, wie ein Vierter berichtet, vorzüglich zeich-
nete und ein besonderer Liebhaber der Musik war“
(Burckhardt). Man denke ferner an Petrarca, der alles
Menschliche umfassen, alle Wissenschaften zu einer all-

---

wie einem edlen Staatsgefangenen auf der Galeere, unter gemeinen
Verbrechern; daher sie wie dieser suchen würden, sich zu isolieren.“
1) Vgl. das Sonett bei Carrière, Kunst IV 133.

gemeinen Menschenbildung verschmelzen will. Man denke auch an Salutato, der, in erster Linie Staatsmann, doch zugleich Dichter und Philosoph, Redner und Philologe war; an Enea Silvio Piccolomini, der von Jugend auf vielseitiges Streben entfaltete, der „Redner und Dichter, Grammatiker und Geschichtsschreiber, Kenner des Altertums und der Gegenwart, Philosoph und Lebemann, Schriftsteller und Staatsmann in einer Person zu sein wünschte" (Voigt). Den Grund dieses universalen Strebens sieht Enea Silvio in dem Wesen der menschlichen Natur, „quae ita est agilis et velox, ut in omnem (ut ita dixerim) partem spectet, et ne quidem possit agere aliquid unum tantum sed uti plura, non eodem die modo, quin et eodem temporis momento vim suam impendit, reficit ac etiam reparat animos, varietas ipsa. Quis vero non obtundat, si per totam diem unius artis unum magistrum ferat? sed in mutatione recreabitur spiritus, sicut in varietate moderata ciborum reficit stomachus." [1] Leone Batista Alberti und Leonardo da Vinci sind die Vermittler zwischen Literatur und Kunst. Beide sind gleich gross als Philosophen, Ästhetiker und Künstler. Leonardo hat sich neben seiner künstlerischen Tätigkeit nicht nur mit Physiologie und Kunsttheorie, mit Astronomie, physikalischer Geographie und geologischen Problemen sowie mit der Topographie Italiens und Frankreichs beschäftigt, er ist auch Ingenieur und Mathematiker und schreibt über Schiffstechnik und Flugmaschinen.

Mit den herrlichen Gaben des Geistes vereinigen diese Menschen eine hohe Wertschätzung körperlicher Schönheit und Tüchtigkeit. In allen körperlichen Künsten, im Reiten, Fechten, Turnen und Schwimmen sind sie ebenso Meister, wie auf geistigem Gebiete, und gelangen so zu einer harmonischen Ausbildung des ganzen Menschen [2]. Mag ihr Wirken mitunter den Eindruck des

---

1) de liberorum educatione p. 990/91.
2) Vgl. Goethe, Anhang zur Lebensbeschreibung des Ben-

Fragmentarischen machen, mag ihr Arbeiten experimen-
tierend, skizzenhaft erscheinen, so dient dies doch lediglich der Ausbildung ihrer Persönlichkeit.

Eine wunderbare Vielseitigkeit zeichnet das Genie
eines Michelangelo aus. Alle Zweige der bildenden
Kunst vereinigt dieser Mann in gleicher Vollkommenheit.
Seine architektonischen Werke, seine Gemälde und Skulp-
turen zeugen von einer wunderbaren Vielseitigkeit. Und
doch hat der bildende Künstler noch Musse gefunden zu
philosophischer Beschäftigung und dichterischer Tätigkeit. Seine Gedichte reden die Sprache seiner bildne-
rischen Schöpfungen und lassen uns einen Einblick tun
in die Tiefe dieser wunderbaren Persönlichkeit. Wie
G. Bruno schildert er das unablässige Streben nach der
himmlischen Schönheit als dem Ideal seiner Kunst; sie
zu erkennen, in dem Kunstwerk zum Ausdruck zu
bringen, darin sieht er seine künstlerische Aufgabe. Das
bewegende Prinzip aber ist ihm die Liebe; sie ist „der
Schönheit innres Bild, ist die Idee der Schönheit und der
Grazie, die unserm schöpferischen Geist entquillt“ [1].

Originalität.   Aber die Entfaltung der Persönlichkeit ist nicht nur
extensiv, sondern auch intensiv. Der grosse Mensch
findet in der Nachahmung keine Befriedigung. Die Nachahmung bleibt stets an ihr Vorbild gebunden, ist unfrei
und unfähig zu eignem Schaffen. Der grosse Mensch
aber wandelt seine eigne Bahn; was er erreichen will,
muss er sich selbst erarbeiten. Nicht andre leuchten
ihm, denn er selber will Licht sein. So schafft er aus
sich selbst heraus; er ringt nach Gestaltungskraft für
das, was ihn bewegt, für die Gedanken, die in ihm auf-
steigen, ihn verfolgen und vorwärtstreiben, bis er sich
im Kunstwerk von ihnen befreit [2]. Sein Geist will in
die Tiefe dringen; kein Problem ist ihm zu schwer, er

---

venuto Cellini über Lorenzo von Medici Bd. 33 p. 88, sowie seine
„Schilderung Cellinis“ a. a. O. p. 91.
    1) Epigramme 5; vgl. Madrigale 8, 28; Sonette 40, 85; Ter-
zinen 4.
    2) Vgl. Michelangelo, Madrig. 12; Sonett 85, 14.

will es ergründen. Und aus der Tiefe heraus schöpft
er wiederum seine Ideen und schafft sich, die Gesetze
seiner Kunst. Er empfängt nicht die Gesetze von der
Natur, sondern legt ihr selbst die Regel auf; denn sein
Können ist nicht etwas Erlerntes, sondern eine in seinem
Wesen begründete natürliche Kraft. Wie G. Bruno
darauf hinweist, dass der Dichter nicht an fremde Regeln
gebunden sei, sondern sich selbst Gesetzgeber ist[1]), so
hat auch Michelangelo die Regeln der bildenden Kunst
durchbrochen, die er vorfand. Er schafft sich neue
Bahnen; mit genialer Rücksichtslosigkeit wirft er die
Überlieferung zur Seite und setzt seine eigne Individualität durch. Er überbietet sich selbst in der kolossalen
Auffassung der Formen, er überwindet die Natur, strebt
weiter und weiter, immer höher, ins Unermessliche.

  Weil der grosse Mensch aus der Tiefe seiner Per- Subjektivitä
sönlichkeit heraus seine Werke schafft, sind sie gleichsam durchleuchtet von der Individualität seines Geistes.
Das Gedicht, das Bildwerk ist gewissermassen im Stoffe
verborgen, potentiell darin enthalten; durch den Künstler
wird es zum Leben erweckt und trägt alsdann die Züge
des Meisters, der es geschaffen hat[2]). So klagt Michelangelo, dass das Bild dem Bildner oft mehr gleiche als
dem Modell, dass er dem Werke die eignen entstellten
Züge aufpräge.

> Dich formen will mein Hammer
> Und formt mich selbst, die Stirn voll Schmerzensfalten[3]).
> Denn zugleich mit dem Modelle
> Malt der Künstler sich hinein[4]).

So spricht aus dem Kunstwerk der Künstler selbst.
Jenes erhält dadurch ein subjektives Gepräge, „welches
nur aus der besonderen Natur des schaffenden Bau-
meisters, Bildhauers oder Malers erklärt werden kann"
(Springer).

---

1) Eroici Furori, Anfang.
2) Michelangelo, Sonette 16.
3) Madrig. 10.
4) Madrig. 9.

: Wir haben den grossen Menschen bisher in seinem auf sich selbst, seine Entfaltung und Vervollkommnung gerichteten Schaffen kennen gelernt und diese Seite seiner produktiven Tätigkeit in ihrer Universalität, Ori-

Herrschafts-streben in politischer Tätigkeit.

ginalität und Subjektivität beleuchtet. Dieser wesentlich intellektuellen Tätigkeit steht eine ebenso umfassende Willensbetätigung gegenüber. Diese äussert sich zunächst in dem Verhältnis des grossen Menschen zur menschlichen Gesellschaft. Wie er stetig nach eigener Vollkommenheit strebt, so ist er auch bemüht, seine Mitbürger, sein Volk durch die Erhabenheit seines Geistes zur Grösse zu führen. Fanden wir in dem grossen Menschen, so weit er seine Tätigkeit auf sich selbst richtete, den Künstler und Philosophen, so sehen wir ihn jetzt in seinem Verhältnis zur menschlichen Gesellschaft tätig als Feldherrn und Staatsmann. Auch hier wird ihn seine Seelengrösse über die Menge erheben, auch hier wird er sich oft einsam fühlen, wenn er kein Verständnis findet für seine grossen Gedanken. Aber die Energie seines Willens drängt nach Betätigung. Er will über den Menschen stehn und sie beherrschen, nach seinem Willen lenken, um seine Ideen zu verwirklichen. Das Streben nach Herrschaft ist es also, was ihn auf die politische Laufbahn führt. Hier hat er bei jeder Handlung das Grosse und Erhabene im Auge. Er zeigt sich nie schwankend in der Entscheidung und schreckt nicht zurück vor Gefahr und Tod. Ein solcher Mann war Francesko Sforza, der sich durch eigene Kraft vom Condottiere zum Herrn von Mailand aufschwang. Um das Herrschaftsstreben zu befriedigen, sind alle Mittel recht. Man braucht nur an Cesare Borgia zu denken, den Machiavell im Auge hat in jenem Kapitel des Principe, wo er von denen spricht, welche durch Verbrechen zur Herrschaft gelangen. Diese Menschen vereinigen aber zugleich mit der Willenskraft des Herrschers die Universalität des genialen Menschen. Die Mediceer insonderheit besitzen den Ruhm, ohne die blutige Grausamkeit der Renaissance durch ihre wissenschaftlichen und künstlerischen Interessen ebensosehr wie durch die Energie eines Herrscherwillens Florenz zu seiner hohen Blüte geführt zu haben. Und wollen wir ein Kunstwerk heranziehen, so stellt sich die Verkörperung der Willensmacht, welche dem grossen Feldherrn eigen ist, unstreitig in Verrochios „Colleoni" dar. Wohl selten ist eine solche niederschmetternde Kraft des Willens, eine solche rücksichtslose Brutalität in der dominierenden Gewalt des Blickes, den scharfen Zügen des Gesichtes und der stolzen, machtbewussten Haltung des Körpers zum Ausdruck gebracht worden.

Das Herrschaftsstreben des grossen Menschen zeigt sich nicht nur in seinen Beziehungen zur menschlichen Gesellschafft, sondern auch in seiner Stellung zur Natur. Er hat ein liebevolles Verständnis für die Natur und erfreut sich an ihrer Schönheit. Er steigt auf die Berge, ergeht sich in blumigen Wiesen und erfreut sich an dem Rauschen des Waldes, dem Plätschern des Baches[1]. Ein gesteigertes Naturgefühl spricht aus den Gedichten Petrarcas, den Bildnissen des Quatrocento[2] und Cinquecento[3]. Das Wesen der modernen Naturromantik, die Melancholie, die Vorliebe für Ruinen, für das tiefe, geheimnisvolle in der Natur, spricht sich bereits hierin aus.

Aber andererseits sucht der grosse Mensch der Renaissance über die Natur sich zu erheben, sie zu beherrschen. Der Künstler will die Natur in ihrer Tiefe erfassen, die Gesetze der Perspektive, der Schwere, der anatomischen Verhältnisse feststellen. Dadurch wird der Künstler reflektierend. Indem er die Natur schärfer beobachtet, strebt er zugleich über sie hinaus. Die gesteigerte Intensität seines Willens führt zu einer Steigerung der künstlerischen Form. Darin liegt das Wesen der Kunst Michelangelos. Er will die Natur durch die

(Marginalie: Herrschaftsstreben und Naturgefühl.)

---

1) G. Bruno, de vinculis in genere p. 644.
2) Vgl. Ghirlandago, Piero di Cosimo.
3) Sodoma, L. da Vinci (Madonna in der Felsgrotte), Michelangelo (badende Soldaten), Rafael.

Kunst besiegen [1]). Seine Gliederformen, seine Körper-
verhältnisse gehen weit über das natürliche Mass hinaus. Er überbietet gleichsam sich selbst in immer neuen
Steigerungen und gelangt so zu einem Idealismus, der
in titanenhafter Gestaltungskraft die Natur in den Bann
einer unüberwindlichen, vor keinem Problem zurück-
schreckenden Persönlichkeit zwingt [2]).

Wie die Kunst, so sucht auch die Wissenschaft zur
Beherrschung der Natur zu gelangen. Wenn auch die
systematische Durchführung dieses Gedankens erst der
Aufklärung vorbehalten blieb, so hat doch die Renaissance hier bahnbrechend und anregend gewirkt. Der
Naturforscher, wie er uns in Leonardo da Vinci und
Galilei entgegentritt, sucht auf dem Wege der Induktion
die quantitativen Verhältnisse der Natur zu finden. Er
verzichtet darauf, die Naturerscheinungen nach ihren
Zwecken zu untersuchen, sie in die Form eines willkür-
lichen Systems zu pressen. Er fragt vielmehr die Natur
selbst, er experimentiert, vereinigt Deduktion und Induktion und stellt mit dieser Methode die Naturgesetze
fest. Hat er eine annähernd vollständige Reihe der
wirkenden Ursachen gewonnen, so kann er aus ihnen
die Wirkungen mit um so grösserer Wahrscheinlichkeit
berechnen, je vollständiger er die Ursachen, den Real-
grund, kennt, und ist dadurch in der Lage, die Natur
unter seinen Willen zu zwingen und die Wirkungen zur
Arbeitsleistung zu benutzen, indem er die Ursachen nach
seinem Willen herbeiruft und ordnet.

Intensität des   Wie der grosse Mensch in seinem Denken ins Un-
Gefühls.   endliche zu dringen, mit seinem Willen die Welt zu

---

1) Vgl. Sonett 18.
2) Vgl. Leonardo da Vinci I p. 356: „impedimento no
mi piega, ogni impedimento e distrutto dal rigore; no si volta chia
stella è fisso". Und die stolzen Worte, die er unter das Portrait
der Lucrezia Crivelli schrieb:

Rara huic forma data est; pinxit Leonardus, amavit
Maurus, pictorum primus hic, ille ducum.
Naturam ac superas hac laesit imagine Divas
Pictor: tantum hominis posse manum haec doluit.

umfassen, zu beherrschen strebt, so zeigt er auch in seinem Gefühlsleben eine gesteigerte Tätigkeit. Und damit erst lernen wir die Persönlichkeit des grossen Menschen in ihrer Tiefe, ihrem Innersten kennen. Die Stimmung des eigenen Gemütes ist es, welche der Künstler in sein Kunstwerk hineinlegt, die Tiefe des Gefühls ist es, mit welcher der grosse Mensch der Welt innerstes Wesen erfasst. „Wenn ihr's nicht fühlt, ihr werdet's nicht erjagen." Welches ist nun die Grundstimmung des grossen Renaissancemenschen?

Ein Streben nach Lebensgenuss beherrscht ihn, eine Sehnsucht, sich auszuleben, sich zu erfreuen am eigenen Dasein. Doch Lebenslust will auch Lebensleid. „So reich ist die Lust, dass sie nach Wehe durstet, nach Hölle, nach Hass, nach dem Krüppel, nach Welt . . . Denn alle Lust will sich selber, drum will sie auch Herzeleid." Hat Nietzsche wohl bei diesen Worten an die Renaissance gedacht? Nicht treffender konnte ihre Stimmung bezeichnet werden. Denn neben der Weltfreude steht der Weltschmerz, neben der Lust eine tiefe Traurigkeit. „Acedia" nennt Petrarca diese Seelenstimmung; „oritur illa intestina discordia illaque animae sibi irascentis anxietas, dum horret sordes suas ipsas nec diluit, vias tortuosas agnoscit nec deserit, impendensque periculum metuit nec declinat" [1]. Der grosse Mensch mit seiner Empfindsamkeit fühlt auch die Qualen des Daseins tiefer; denn wo viel Gefühl ist, da ist auch viel Qual [2]. Die Glut der Leidenschaft treibt diese Menschen ruhelos umher. Zwar fordert Leonardo da Vinci, der Mensch solle zufrieden sein mit dem Erreichbaren: ein Tor will ohne Können. Allein auch das Können bedarf der Zügel; denn oft kehrt das Begehrte sich in Bitterkeit, wenn es erreicht ist. „Oft weint ich, wenn ich hatte, was ich wollte." Er klagt über die Zeit, welche alles in sich

---

[1] de contemptu mundi I p. 382. Der Ausdruck „acedia" selbst ist ein mittelalterlicher Terminus und findet sich bereits bei Thomas von Aquino: acedia = tristitia de bono spirituali. (Eucken.)

[2] L. da Vinci, Werke II p. 297.

aufzehrt, über das neidische Alter, das alles zerstört und langsam dahinsterben lässt [1]). Ein unbefriedigtes Sehnen raubt den Genuss der Gegenwart. „In tristitia hilaris, in hilaritate tristis" (G. Bruno).

Darum klagt Michelangelo:

> Ich will mit hohen Plänen
> Mich selbst stets überflügeln,
> Und weiss mir vorzuspiegeln:
> Ausführen könnt ich sie, so nah dem Grabe.
> Mir raubt solch thöricht Wähnen
> Die Gegenwart, und an der Zukunft Gabe
> Wer weiss, ob ich mich labe,
> Da sie der Tod mir nimmt, ich zähl' verblendet
> Auf Glück in Zeiten, wo ich längst geendet [2]).

Diese Menschen leiden unter einer verzehrenden Liebes-leidenschaft, „deren Gluten zu kühlen der Schnee des Kaukasus oder Rifeus nicht ausreichen würde" [3]). Liebes-lieder voll klagender Sehnsucht und zerrissenen Schmerzes geben uns Zeugnis davon: Dantes Vita nuova, Petrarcas Sonette, G. Brunos Eroici Furori und Michelangelos Ge-dichte zeigen diese Grundstimmung tiefer Leidenschaft.

Wie in der Dichtung, so zeigt sich auch in der bil-denden Kunst des Quatrocento jene Stimmung leidenden Schmerzes. Eine Melancholie, eine Wehmut und Bangig-keit, die seltsam kontrastiert mit der heiteren Grazie der Komposition, zieht sich hindurch. Man betrachte den „Tod der Prokris" von Piero di Cosimo. Tiefe, stille Trauer ist über das Bild ausgebreitet; unter Blumen liegt das blühende Weib hingestreckt; ein Pan betrachtet ihr schönes Antlitz, trauernd sitzt der Hund ihr zu Füssen, trauernd neigen die Zweige sich auf sie. „Ein seltsam wehmütiges Griechentum geht durch das Bild" (Muther).

Pessimismus. So ist es nicht wunderbar, dass der grosse Mensch der Renaissance dem Pessimismus zuneigt.

---

1) L. da Vinci, Werke II p. 292.
2) Madrigale 81.
3) G. Bruno, Eroici Furori, Einleitung.

Der Glücklichste ist ja auf dieser Erde,
Wer, ach, auf ihr nur kurze Stunden weilet,
Denn Tod nur ist der Arzt, der alles heilet[1]).

Ist doch alles, was der Mensch tut, durch die Notwendigkeit bestimmt. Wenn, sagt Machiavell, auf der Welt dieselben Menschen wiederkehrten, so würden nicht hundert Jahre vergehen, dass wir uns zum zweiten Male zusammenfänden und ganz dasselbe täten wie das erste Mal[2]). Es ist die Stimmung des Alters, welches die verlorene Jugend beweint. Am Schlusse seines Lebens klagt Michelangelo, dass er seine Zeit vergeudet, dass er sich der wilden Leidenschaft, falschem Hoffen und eitlem Wunsche hingegeben habe, dass er mit den Gaben, die ihm Gott verliehen, nicht Grösseres vollbracht habe[3]). Todesgedanken durchziehen seine Seele; die Nacht, des Todes Abbild, bringt ihm Trost und Frieden, der Tod selbst bringt Erlösung von einem Leben voll bitterer Schmerzen.

Was geboren ist, muss sterben,
Alle, die die Sonne sehen,
Sie verfallen dem Verderben;
Schmerz und Freude muss vergehen,
Geist und Wort kann nicht bestehen.
Rauch sind wir im Windeswehen,
Schatten nur die hohen Ahnen.
Aus dem Grabe tönt ihr Mahnen:
Was ihr seid, sind wir gewesen,
Froh und trüb, dieselben Wesen.
Staub und Asche sind wir heute!
Alles ist des Todes Beute.
Seht die Augen, Licht der Seele,
Hell wie Sterne, sind verwandelt,
Leer und schwarz gähnt hier die Höhle:
So hat uns die Zeit verwandelt[4]).

Wo findet nun der grosse Mensch Erlösung aus **Erlösung.** diesem Zwiespalt, dieser Zerrissenheit? Die Antwort ist

---

1) Michelangelo, Madrigale 83.
2) Prolog zur Clitia.
3) Canzonen I 3.   4) Canzonen I 4.

dieselbe, die Schopenhauer auf das Problem gibt. Der Wille zum Leben ist die Quelle des Leidens; verschwindet er, dann wird auch das Leiden aufgehoben. Von diesem Willen aber befreit sich der Mensch im Kunstwerk, im Hervorbringen wie im Genuss desselben[1]). In der Produktivität befreit sich der Mensch von sich selbst, wird sich selbst objektiv. Da er aber in dem Kunstwerk die Schönheit zum Ausdruck bringen will, so ist es in letzter Linie die Idee der himmlischen Schönheit, die dem ihr nachstrebenden Menschen die Erlösung bringt. Daher

> „kann von der Welt, der bösen,
> den Geist die Schönheit lösen"[2]).

In diesem Streben, das den grossen Menschen hinausträgt aus den Qualen der Sinnlichkeit, findet der grosse Mensch Ruhe und Frieden,

> „Perche mi fa contento
> Piu ch'ogu' altro piacer questo tormento"[3].

Held und Genie. Psychologisch betrachtet kann die Seelengrösse sich nach zwei Richtungen äussern: nach der Seite des Willens und nach der des Intellekts. Je nach dem Vorherrschen dieses oder jenes Faktoren bezeichnen wir den grossen Menschen als Helden oder als Genie.

Der Held ist gross in den Äusserungen seiner Willenskraft, sein Leben ist ein Kampf, mag er äussere Hemmungen, mag er seelische Konflikte zu überwinden suchen. „Gegen alle jene Übel, mit denen die Aussenwelt ihn bedroht, nimmt der Mensch im Innern der Brust eine kriegerische Haltung ein und empfindet und behauptet die Kraft, einzeln es mit dem unendlichen Heer von Feinden aufzunehmen. Diese kriegerische Haltung der Seele nennen wir Heroismus." (Emerson.)

---

1) Vgl. G. Keller, Grüner Heinrich 2. Bd. S. 265: das Poetische, das Schöne, das Göttliche besteht eben darin, dass wir uns aus diesem materiellen Geschwür wieder ins Nichts resorbieren, nur dies kann eine Kunst sein, aber auch eine rechte.

2) Michelangelo, Madrigale 18.

3) G. Bruno, Eroici Furori p. 694.

Historisch aufgefasst ist der Held der ursprüng-
lichste Typus des grossen Menschen überhaupt. Jedoch
kompliziert sich sein Charakter mit dem Fortschritt der
Kultur. In dem Masse als diese einen grösseren Reichtum
von Vorstellungs- und Gefühlsinhalten mit sich bringt
und die Affekte, die sich daraus ergeben, mannigfaltiger
werden, um so komplizierter gestalten sich die Willens-
vorgänge und ihre Motive. So fasst auch Carlyle den
Helden kulturhistorisch auf, insofern dieser als Gottheit,
als Prophet, als Dichter, als Priester, als Schriftsteller
und als König erscheint. Freilich ist hier Held und
Genie nicht scharf getrennt.

Das Wesen des Helden hat notwendig einen tra-
gischen Charakter, mag nun der Held mitten aus leben-
digem Schaffen durch den Dolch des Mörders hinweg-
gerafft werden, wie Caesar und Wallenstein, oder durch
tückische Krankheit wie der grosse Alexander, mag er
wie G. Bruno ein Opfer fanatischer Priester werden.
Der Grund dieser Tragik liegt einerseits in dem notwendig eintretenden Konflikt der nach stetiger Selbstentfaltung strebenden individuellen Persönlichkeit mit den
Interessen der menschlichen Gesellschaft (Antigone),
andererseits darin, dass wir den unüberwindlichen Helden machtlos finden gegenüber der unheimlichen, furcht-
baren Gewalt des Todes.

Wie beim Helden der Wille, so ist beim Genie der
Intellekt das dominierende Element. Ist in den Willenshandlungen das Gefühl der wesentliche psychische Faktor,
insofern die aus den Gefühlen hervorgehenden Affekte
die Willenshandlung bestimmen, wenn sie auch durch
intellektuelle Motive beeinflusst werden, so sind die intellektuellen Funktionen, die Phantasie- und Verstandestätigkeit, von Vorstellungen beherrscht, die hier einerseits selbst mannigfache Gefühle enthalten, andererseits
durch neu hinzutretende Gefühle beeinflusst werden.
So ist bei den intellektuellen Funktionen der Gefühls-
einschlag, bei den Willenshandlungen dagegen der Vor-
stellungsinhalt das sekundäre Element.

Hierin liegt der wesentliche Unterschied zwischen Held und Genie, und es ergeben sich daraus die charakteristischen Eigenschaften des Genies. Dieselbe psychische Divergenz wie beim Helden finden wir auch beim Genie. Zeigt sich der Heroismus in äusseren Kämpfen wie auch in seelischen Konflikten, so scheidet sich die Tätigkeit des Genies in Phantasie- und Verstandestätigkeit; jene bildet den Künstler, diese den Philosophen. Beide Tätigkeiten sind wesensverwandt, denn beides sind Formen apperzeptiver Synthese. Das Medium der Phantasie ist das Bild, das Medium des Verstandes der Begriff. So ist die Kantsche Definition des Genies unhaltbar, als welche die Wissenschaft von dem Wirkungskreise des Genies ausschliesst.

Das Genie schafft ohne Kampf, intuitiv, schöpferisch. Es zeigt nicht wie der Held einen Gegensatz zwischen Subjekt und Objekt, sondern vollkommene Harmonie, da der Künstler das Objekt selbst schafft und gestaltet. So ist der Wille, der den Helden zur Überwindung des Objektes treibt, im Genie gegenstandslos, er ist aufgehoben im künstlerischen Genuss.

Diese Unterschiede zwischen Held und Genie schliessen sich jedoch nicht aus. Auch das Genie kann ein Held, auch der Held ein Genie sein. In der Tat finden wir beide Äusserungsformen der Magnanimita im Typus des grossen Renaissancemenschen vereinigt. Als Helden erkannten wir ihn in dem Kampfe um seine geistige Freiheit, um seine Weltanschauung. Es war dies nicht allein der Kampf gegen Kirche und Inquisition, es war auch ein Kampf in der eigenen Seele, zwischen zwei Weltanschauungen. Wir sahen, wie der Mensch zwischen der modernen Weltanschauung und der Moral des Mittelalters rang, wir haben Michelangelos Seelenkämpfe verfolgt und den Zwiespalt in seiner Seele gesehen. Als Held zeigt sich der grosse Mensch auch in seinem Herrschaftsstreben, welches ihn über Mensch und Natur erhebt und beide seinem Willen unterordnet. Neben dieser heroischen Kraft aber zeigt der grosse

Mensch der Renaissance zugleich die Grösse des Genies, neben die Macht des Willens tritt die Ausbildung des Intellektes, der Phantasietätigkeit. Die Grösse des Intellektes verleiht dem Schaffen des Genies seine Universalität, Originalität und Subjektivität, der Tiefe der Phantasie aber entspringt jene überwältigende Stimmung, in welcher das tiefste Wesen des Künstlers zum Ausdruck kommt.

Heroismus und Genialität aber haben ihre gemeinsame Wurzel in dem Seelenadel, welcher dem grossen Menschen seine natürliche Überlegenheit verleiht und ihn trennt von der grossen Menge der Alltagsmenschen. Daher können wir den grossen Menschen der Renaissance mit einem zusammenfassenden Ausdruck als heroisches Genie bezeichnen.

Schluss.

Wir haben. in der Kultur der Renaissance eine Synthese des griechischen und römischen Geistes gefunden. Diese· Synthese erreicht ihren höchsten Ausdruck in dem grossen Menschen, dem heroischen Genie· der Renaissance. Das Vorbild für das Heldenhafte in ihm erkannten wir in dem Römertum; das ingegno der Renaissance: aber ist verwandt mit der griechischen μεγαλοψυχία, jedoch ist es umfassender· seinem Inhalt nach. Dem grossen Menschen der Renaissance wie dem griechischen μεγαλόψυχος gemeinsam ist die Neigung zu intensivem Sinnenleben, das sich nach der ästhetischen Seite in der Kunst, nach der rationalen Seite in der Philosophie betätigt. Aber über den griechischen Geist hinaus weist das ganz neue, moderne Naturgefühl der Renaissance, das in der Kunst das Verständnis für die Landschaft erweckt, in der Naturwissenschaft in Verbindung mit dem Herrschaftsstreben zur Naturbeherrschung führt. Hier also liegt der Kern der modernen Romantik wie der Technik. Während der antike μεγαλόψυχος sich der Natur hingab, sich in sie versenkte und aus ihr heraus schuf, greift der grosse Renaissancemensch über die Natur hinaus und schwebt über dem Stoffe; er lernt von der Natur, um sie zu beherrschen.

Noch ein weiterer Unterschied tritt hervor: in der Beziehung zur Ethik. Der antike μεγαλόψυχος ist eine ethische Persönlichkeit. Das, Ethos aber tritt in dem heroischen Genie der Renaissance zurück. Aristoteles definierte die μεγαλοψυχία als die Krone · der Tugenden, und die Renaissance schloss sich im Anfange dieser Definition an. Aber bei G. Bruno fällt diese Beziehung fort, und Machiavell steht nicht an, auch in dem Verbrechen die Grösse anzuerkennen. Nicht der Begriff der

Tugend, sondern der eines natürlichen stolzen Selbst-
bewusstseins bestimmt das Wesen des heroischen Genies,
gleichviel, nach welcher Seite es sich betätigt.

Demnach ist das heroische Genie der Renaissance
nicht lediglich eine Synthese des griechisch-römischen
Geistes, sondern weist über diesen hinaus. Und darin
liegt der Fortschritt, das geistige Eigentum des Renaissancemenschen: das Genie in seiner Originalität und
Universalität wie in der Romantik seines Naturgefühls
ist die Schöpfung der Renaissance.

Vita.

Geboren am 29. Juli 1878 zu Syrau b. Sorau (Prov. Brandenburg), besuchte ich von 1888—1898 das Königl. Friedrichs - Gymnasium in Frankfurt a. O. und erhielt Mich. 1898 das Zeugnis der Reife. In der Absicht, Philosophie und klass. Philologie zu studieren, bezog ich zuerst die Universität Berlin, dann Jena, wo ich im Mai 1903 die Staatsprüfung und am 20. Dezember 1905 die philosophische Doktorprüfung bestand. Während meiner Studienzeit hörte ich auf dem Gebiete der Philosophie die Herren Professoren Dilthey, Dessoir, Liebmann, Eucken und Scheler. Insbesondere danke ich Herrn Geh. Hofrat Prof. D. Dr. Eucken für das wohlwollende Interesse, das er meiner Dissertation entgegengebracht hat.

CPSIA information can be obtained
at www.ICGtesting.com
Printed in the USA
BVHW04*0345200918
527708BV00051B/1947/P